任正非：
以客户为中心

王伟立◎著

CUSTOMERS FIRST

深圳出版社

图书在版编目（CIP）数据

任正非. 以客户为中心 / 王伟立著. -- 深圳 : 深圳出版社, 2018. 6（2025. 3重印）. --（任正非华为管理精华系列）. -- ISBN 978-7-5507-2214-9

Ⅰ. F632.765.3

中国国家版本馆CIP数据核字第2025DP6604号

任正非：以客户为中心
RENZHENGFEI: YI KEHU WEI ZHONGXIN

责任编辑　张绪华　杨华妮
责任技编　陈洁霞
封面设计　元明·设计

出版发行　深圳出版社
地　　址　深圳市彩田南路海天综合大厦（518033）
网　　址　www.htph.com.cn
订购电话　0755-83460239（邮购、团购）
设计制作　深圳市知行格致文化传播有限公司　Tel：0755-83464427
印　　刷　深圳市希望印务有限公司
开　　本　787mm×1092mm　1/16
印　　张　13.25
字　　数　200千
版　　次　2018年6月第1版
印　　次　2025年3月第9次
定　　价　58.00元

放眼世界 500 强企业，九成的中国企业是靠原物料、中国内需市场等优势挤入排行榜，但华为却是靠技术创新能力以及海外市场经营绩效获得今天的成就。它的技术研发能力，也超越一般人对中国企业的想象。华为拥有 3 万项专利技术，其中有四成是国际标准组织或欧美国家的专利。《经济学人》杂志指出，华为已是电信领域的知识产权龙头企业。

一家成立刚刚 30 年的中国民营企业，为什么能够在竞争激烈的全球通信市场中存活并不断成长？

任正非曾称自己是"堂吉诃德"——华为选择了最热门的行业，全世界最多的资金、最优秀的人才都在这个行业里奔跑，最重要的是，华为选择了跟欧美巨人们比赛。现在看起来，这个选择还不错：华为已站在全球通信行业的技术和市场最高点上，成为参与领跑的厂商。

2004 年，华为才在英国设立首家海外分公司，结果只用了 3 年时间，德国、法国、意大利、西班牙等欧洲所有主要跨国运营商的订单就被它全部斩获；更让市场称赞的是，在 2012 年正式启动消费者业务以来，华为仅用 3 年时间，就成功打入全球智能手机品牌第一阵营，其高端手机产品在全球市场供不应求，"向苹果、三星全面发起挑战"已经不再是一句口号，而是响当当的诺言……

大家都好奇，华为发展势头如此之好，任正非有什么独门秘籍？他曾坦率地说：华为的秘籍就是守住常识，坚持对客户需求有宗教般的信仰。

任正非解释道："华为之所以崇尚'以客户为中心'的核心价值观就是因为只有客户在养活华为，在为华为提供发展前进的基础，其他任何第三方都不可能为华为提供资金用于生存和发展，所以，也只有服务好客户，让客户把兜里的钱心甘情愿拿给我们，华为才有可以发展下去的基础。"

为了践行以客户为中心的理念，任正非虽然已经 70 多岁了，一年仍有 2/3 的时间在全球飞来飞去，拜访客户。

华为的技术积累来源于对客户需求的关注和挖掘。在客户需求的牵引下，华为一步步进行技术积累。农村地区电压不稳，华为在设计电源时就留了较大的电压冗余值，使得设备在电压波动时也能正常工作。客户机房避雷措施不完善，就特别加强了防雷击的性能。农村地区老鼠很多，经常会钻进机柜将电线咬断，华为就在设备外增加了防鼠网。

这些客户的特定需求，往往为那些大公司所不屑。而华为在 30 年来坚持以客户为中心，并将此提升到了企业核心价值观的高度。

相比西方对手，中国巨大的本土市场给予华为产品大规模应用的机会，使得华为产品和技术的成熟周期要远远短于对手，从而使华为在短短 30 年内，从技术的跟随者转变为技术的领先者。

"以客户为中心"，是华为的立身之本。《任正非：以客户为中心》一书从业务管理方面，解密了华为成长历程中所遵循的理念、战略与机制，本书将使读者了解华为是怎样——应对外来挑战，如何践行"以客户为中心"的核心价值观的。

目 录 CONTENTS

第 1 章
为客户服务是华为存在的
唯一理由
/ 001

第 1 节　为客户服务是华为存在的唯一理由 / 003

第 2 节　华为文化的特征就是服务文化 / 007

第 3 节　一切都是为了"以客户为中心" / 013

第 4 节　企业的目的是为客户创造价值 / 018

第 5 节　不是完全以运营商为中心 / 022

第 6 节　危机管理也是源自客户需求 / 026

第 2 章
客户价值最大化
/ 029

第 1 节　客户利益与企业利益的平衡 / 031

第 2 节　从未把利润最大化作为目标 / 033

第 3 节　"深淘滩，低作堰" / 037

第 4 节　帮助客户成长，实现客户的梦想 / 041

第 3 章
以客户为导向的
研发策略
/ 045

第 1 节　把握客户的真正需求 / 047

第 2 节　不能以技术为导向 / 053

第 3 节　对最终用户需求高度敏感 / 060

第 4 节　不要将自己的意志强加给客户 / 063

第 5 节　推行面向客户的解决方案 / 066

第4章
以客户为导向的
创新策略
/ 071

第 1 节　从客户中来，到客户中去 / 073

第 2 节　有价值的创新 / 076

第 3 节　只要小改进，不要妄谈颠覆 / 081

第 4 节　基于客户的持续创新 / 086

第5章
以客户为中心的
人力资源管理模式
/ 091

第 1 节　坚决提拔眼睛盯着客户的员工 / 093

第 2 节　客户满意度是重要考核指标 / 095

第 3 节　最好的给养其实来源于客户 / 099

第 4 节　通过反哺改善艰苦地区的条件 / 105

第6章
以客户为中心的
组织变革
/ 115

第 1 节　变革始终围绕客户价值 / 117

第 2 节　变革研发管理体系 / 122

第 3 节　IPD：最根本的营销变革 / 125

第 4 节　ISC：业务流程变革 / 135

第 5 节　只向一个顾问学习 / 142

第 6 节　变革的阻力：触及灵魂的痛苦 / 147

第 7 节　先僵化，后优化，再固化 / 154

延伸阅读：华为如何在客户 KDDI 的

倒逼下成长 / 164

**第 7 章
以客户为中心的
服务策略
/ 169**

第 1 节　给客户展示未来 / 171

第 2 节　成为解决方案供应商 / 173

第 3 节　奋斗的目的通过为客户服务来实现 / 176

第 4 节　超乎客户期望与承诺 / 179

第 5 节　快速响应客户需求 / 182

第 6 节　优质资源向优质客户倾斜 / 189

第 7 节　艰苦奋斗服务客户 / 192

第 8 节　客户关系维护策略 / 197

后记 / 201

第 **1** 章

为客户服务是华为
存在的唯一理由

CHAPTER 1

从企业活下去的根本来看，企业要有利润，但利润只能从客户那里来。华为的生存本身是靠满足客户需求，提供客户所需的产品和服务并获得合理的回报来支撑；员工是要给工资的，股东是要给回报的。天底下唯一给华为钱的，只有客户。我们不为客户服务，还能为谁服务？客户是我们生存的唯一理由！

——任正非

第 1 节 为客户服务是华为存在的唯一理由

21 世纪初，法国，波尔多，六月天。阿尔卡特董事长瑟奇·谢瑞克（Serge Tchuruk）在自家的葡萄酒庄园接待来访的中国客人——华为总裁任正非。在品过两种不同口感的红酒后，瑟奇·谢瑞克先生一改先前轻松的话题，说道："我一生投资了两个企业，一个是阿尔斯通，一个是阿尔卡特。阿尔斯通是做核电的，经营核电企业要稳定得多，无非是煤、电、铀，技术变化不大，竞争也不激烈；但通信行业太残酷了，你根本无法预测明天会发生什么，下个月会发生什么……"瑟奇·谢瑞克先生是业界广受尊重的实业家和投资家，阿尔卡特更是全球电信制造业的标杆公司。

21 世纪初的华为，正处于艰难的爬坡阶段。"领路者"阿尔卡特的困惑与迷茫使任正非格外震惊，回国后，他向公司高层多次复述瑟奇·谢瑞克先生的观点，并提问：华为的明天在哪里？出路在哪里？

华为内部由此展开了一场大讨论，讨论的共识是：华为要更加高举"以客户为中心"的旗帜。华为发展到今天，靠的是这一根本，华为的明天，也只能存在于客户之中，客户是华为存在的唯一理由，也是一切企业存在的唯一理由。

在之后形成的华为四大战略内容中，第一条就是："为客户服务是华为存在的唯一理由，客户需求是华为发展的原动力。"[①] 任正非曾这样说过：

从企业活下去的根本来看，企业要有利润，但利润只能从客户那里来。华为的生存本身是靠满足客户需求，提供客户所需的产品和服务并获得合理的回报来支撑；员工是要给工资的，股东是要给回报的。天底下唯一给华为钱的，只有客户。我们不为客户服务，还能为谁服务？客户是我们生存的唯一理由！既然决定企业生死存亡的是客户，提供企业生存价值的是客户，企业就必须为客户服务。现代企业竞争已不是单个企业与企业的竞争，而是一条供应链与供应链的竞争。企业的供应链就是一条生态链，客户、合作者、供应商、制造商的命运都在一条船上。只有加强合作，关注客户、合作者的利益，追求多赢，企业才能活得长久。因为只有帮助客户实现他们的利益，华为才能在利益链条上找到华为的位置。只有真正了解客户需求，了解客户的压力与挑战，并为其提升竞争力提供满意的服务，客户才能与你的企业长期共同成长与合作，你才能活得更久。所以需要聚焦客户的挑战和压力，提供有竞争力的通信解决方案及服务。

---

① 田涛，吴春波. 下一个倒下的会不会是华为：故事、哲学与华为的兴衰逻辑 [M]. 北京：中信出版社，2015.

任何一家企业成功的不二法门就是最大限度地满足客户需求，只有将客户需求放在首位，满足客户当下的显性需求，发现和开发客户的隐性需求，企业才能够在激烈的市场竞争中存活下来，进而走向强盛。

任正非承认，"以客户为中心"是普遍适用的商业常识，很多管理类经典著作都会写上，不是他的原创。华为的成功就是把这个常识做到了极致，而且 20 多年来坚持了下来，并以此为根本。

2001 年，华为内刊上登载了这样一篇文章，文章名字原本叫作《为客户服务是华为存在的理由》，然而任正非在审稿时将其改为《为客户服务是华为存在的唯一理由》。任正非认为，华为是为客户而存在的，除了客户，华为没有存在的任何理由。任正非这样说道：

> 其实我们总结的方法来自于中国五千年的文明，也来自共产党文化。五千年文明讲"童叟无欺"，就是以客户为中心。我们为客户服务，我想赚你的钱，就要为你服务好。客户是送钱给你的，送你钱的人你为什么不对他好呢？其实我们就这点价值，没有其他东西。

几年前，摩根士丹利首席经济学家斯蒂芬·罗奇带领一个机构投资团队到华为深圳总部，任正非没有亲自接见，只派了负责研发的常务副总裁费敏接待。事后罗奇说："他拒绝的可是一个 3 万亿美元的团队。"

任正非对此事的回应是："他（罗奇）又不是客户，我为什么要见他？如果是客户的话，最小的我都见。他带来机构投资者跟我有什么关系呀？我是卖机器的，就要找到买机器的人呀！"由此可以看出华为对客户的偏爱及重视程度。

华为之所以崇尚"以客户为中心"的核心价值观就是因为只有客户在养活华为，在为华为提供发展前进的基础，其他任何第三方都不可能为华为提供资金用于生存和发展，所以，也只有服务好客户，让客户把兜里的钱心甘情愿拿给我们，华为才有可以发展下去的基础。

任正非认为，华为的价值和存在的意义，就是以客户为中心，满足客户的需求。华为提出要长期艰苦奋斗，也同样是出于"以客户为中心"这样一个核心价值理念，坚持艰苦奋斗的员工也一定会获得他所应得的回报。

另一个能体现华为"成就客户"理念的例子也是华为初创时期的传奇故事。在中国偏远的农村地区，老鼠经常咬断电信线路，客户的网络连接因此中断。当时，提供服务的跨国电信公司都认为这不是他们该负责的问题，而是客户自己要解决的问题。但华为认为这是华为需要想办法解决的问题。此举让华为在开发防啃咬线路等坚固、结实的设备和材料方面积累了丰富经验。

任正非在以自己的强势诠释什么是老板文化的同时，却要求员工"屁股对着老板"。任正非在一次市场部大会上讲，华为一定要提拔那些屁股对着老板的人。屁股对着老板，就是眼睛看着客户，以客户为本。

第2节 华为文化的特征就是服务文化

华为文化的特征就是服务文化，谁为谁服务的问题一定要解决。服务的含义是很广的，总的是为用户服务，但具体来讲，下一道工序就是用户，就是您的"上帝"。您必须认真地对待每一道工序和每一个用户。任何时间，任何地点，华为都意味着高品质。希望您时刻牢记。

"为客户服务是华为存在的唯一理由。"华为文化的特征就是服务文化，全心全意为客户服务的文化。

任正非在其文章《资源是会枯竭的，唯有文化才能生生不息》中这样写道：

华为是一个功利集团，我们一切都是围绕商业利益的。因此，我们的文化叫企业文化，而不是其他文化或政治。因此，华为文化的特征就是服务文化，因为只有服务才能换来商业利益。服务的含义是很广的，不仅仅指售后服务，还包括从产品的研发、生产到产品生命终结前的优化升级，员工的思想意识、家庭生活……因此，我们要以服务来定队伍建设的宗旨。我们用优良的服务去争取用户的信任，从而创造了资源。这种信任的力量是无穷的，是我们取之不尽、用之不竭的源泉。有一天我们不用服务了，就是要关门、破产了。因此，服务贯穿于我们公司及个人生命的始终。

华为企业文化的核心定位于高绩效文化。究其原因，是因为这一基本命题来自于华为公司的基本使命：为客户创造价值是华为公司存在的唯一价值和理由。

对于客户来讲，其需求内涵可以概括为三点：低价、优质和完善的服务。公司要持续不断地满足客户的这种需求，必须具有强大的价值创造能力，这种能力在企业内部的具体体现就是高绩效。高绩效是保证实现客户需求的基础。客户的价值观决定着华为公司的价值观。因此，华为公司的愿景、使命、基本价值观、战略、组织及业务流程必须聚焦于高绩效，公司企业文化的核心必须也只能是高绩效。

坚持为客户服务好，是华为一切工作的指导方针。20年来，华为由于生存压力，在工作中自觉不自觉地建立了以客户为中心的价值观。当年，华为应客户的需求开发一些产品，如接入服务器、商业网、校园网……因为那时客户需要一些独特的业务来提升他们的竞争力。如果不以客户需求为中心，他们就不买华为小公司的货，华为就无米下锅。华为被迫接近了真理，但华为并没有真正认识它的重要性，没有认识它是唯一的原则，因而对真理的追求是不坚定的、漂移的。

在20世纪90年代后期，华为摆脱困境后，自我价值开始膨胀，曾以自我为中心。华为那时常常对客户说，他们应该做什么，不做什么……华为有什么好东西，你们应该怎么用。例如，在 NGN（Next Generation Network，下一代网络，一种业务驱动型的分组网络）的推介过程中，华为曾以自己的技术路标，反复去说服运营商，而听不进运营商的需求，最后导致在中国选型，华为被淘汰出局，连一次试验机会都没有得到。

历经千难万苦，华为请求以深圳龙岗坂田的基地为试验局的要求，都苦苦不得批准。华为知道自己错了，华为从自我批判中整改，大力倡导"从泥坑中爬起来的人就是圣人"的自我批判文化。华为聚集了优势资源，争分夺秒地追赶。华为赶上来了，现在软交换占世界市场份额 40%，为世界第一。

公司正在迈向新的管理高度，以什么来确定我们的组织、流程、干部的发展方向呢？以什么作为工作成绩的标尺呢？我们要以为客户提供有效服务，来作为我们工作的方向，作为价值评价的标尺，当然是包括了直接价值与间接价值。不能为客户创造价值的部门为多余部门，不能为客户创造价值的流程为多余流程，不能为客户创造价值的人为多余的人，不管他多么辛苦，也许他花在内部公关上的力气也是很大的，但他还是要被精简的。这样我们的组织效率一定会有提高，并直接产生相关员工的利益。因此，各级领导在变革自己的流程与组织时，要区别哪些是繁琐哲学，哪些是形式主义，哪些是教条，哪些是合理必需。

从市场竞争的角度看，在激烈的市场竞争过程中，并不是每一家公司都能得到为客户服务的机会的，因为客户掌握着选择企业的权力。企业的生存价值和生存空间只能通过市场竞争来取得，企业要取得为更多客户服务的机会，必须持续不断地提高自身的效率，并依靠效率的持续提升，降低产品和服务的成本，提升产品和服务的质量，以更快的速度响应客户的需求。企业之间的生存竞争本质上是效率的竞争，因为唯有高效率，才能降低单位产品的成本，产品才具有价格上的相对优势，才能够抢先于竞争对手获取满足客户需求的机会，企业才会有足够的生存空间；唯有高效率，才能先于竞争对手发现并满足客户的需求；唯有高效率，企业才能为客户提供全方位的服务。效率的竞争永远是市场竞争的主旋律。而效率的客观表现是企业内部的绩效水平的高低。①

任正非表示，华为的企业战略就是要活下来。而活下来的充分必要条件就是在优先满足客户需求的基础上。

2004 年，任正非在文章《持续提高人均效益，建设高绩效企业文化》中这样写道：

> 当前的形势是信息产品过剩，还没有找到任何解决的措施。新技术壁垒不易形成，靠技术产生的附加价值已十分不容易取得。因此，信息产业未来的竞争会更加残酷与激烈。它首先是小公司承受不了高成本的困难而退出，而大公司不因填补这些市场空白就能减缓压力。因为任何一家大公司对这个世界的供应，都不会感到困难。而现在有这么多大公司，就使过剩无法解决。我们要清楚地看到这种严峻的形势。

---

① 吴春波. 企业文化的核心是高绩效［OL］. 华夏基石 e 洞察，2015.

　　面对这种形势，我们清楚地看到活下来是不容易的。要从供过于求的现实状况中摆脱出来，一是大公司之间整合，以减少大公司的数量，减少供给；同时使成本降低，维持生存。二是整合不成，必然会死掉一批公司，谁多剩一口气，谁就能活下来，谁就能再继续生存下去。活下来的充分必要条件就是在优先满足客户需求的基础上，质量好、服务好、运作成本低以及正现金流。

　　要成就客户梦想，就需要提供最好的服务，这也是公司取得成功的关键。在华为成立之初，华为产品不如竞争对手的产品，这一点任正非心知肚明。因此，他另辟蹊径吸引客户。他认为，只有提供优质服务，才能吸引客户。

　　例如，由于早期华为的设备经常出问题，华为的技术人员就经常利用晚上客户设备不使用的时间段，去客户的机房里维修设备，并且对于客户提出的问题，华为是 24 小时随时响应。这种做法跟西方公司有很大的不同。西方公司有好的技术和好的设备，但却忽略了服务。华为的优质服务为公司赢得了真正关心客户需求这一美誉，并同时让华为赢得了竞争优势。

　　曾有人问任正非，对于像当年的华为一样正走在起家路上的中小企业有什么方法论的建议？任正非的回答是盯着客户，就有希望。

　　不要管理复杂化了。小公司只有一条，就是诚信，没有其他。就是你对待客户要宗教般的虔诚，就是要把豆腐好好磨，终有一天你会得到大家的认同的。中小企业还想有方法、商道、思想，我说没有，你不要想得太复杂了。你就盯着客户，就有希望。就是要诚信，品牌的根本核心就是诚信。你只要诚信，终有一天客户会理解你的。

至于很多企业并没有提出艰苦奋斗和以客户为中心的企业文化，最重要的原因在于它过去没有相关的艰苦奋斗和以客户为中心的经营管理实践，在于它还没有深刻地领悟到这一普世的企业价值主张。

悟道有先后，并非人人都可以悟到道。所以，现实中许多没有优秀经营管理实践又没有管理智慧的企业，只是把企业文化当作企业文体活动，或者从古人那里寻找高雅的词句，或者追时髦地引用他人，如"以人为本"。

第3节 一切都是为了"以客户为中心"

华为的核心价值观是"以客户为中心，以奋斗者为本，长期坚持艰苦奋斗"。而后两点则是建立在"以客户为中心"的基础之上。

以客户为中心，道理不用多说了，没有客户我们就饿死了。以奋斗者为本，其实也是以客户为中心。把为客户服务好的员工，作为企业的中坚力量，与他们一起分享贡献的喜悦，就是促进亲客户的力量成长。

长期艰苦奋斗，也是以客户为中心

你消耗的一切都是从客户那里来的，你无益的消耗就增加了客户的成本，客户是不接受的。你害怕去艰苦地区工作、害怕在艰苦的岗位工作，不以客户为中心，那么客户就不会接受、承认你，你的生活反而是艰苦的。当然，我说的长期艰苦奋斗是指思想上的，并非物质上的。我们还是坚持员工通过优质的劳动和贡献富起来，我们要警惕的是富起来以后的惰怠。但我也不同意商鞅的做法，财富集中，民众以饥饿来驱使，这样的强大是不长久的。

华为以客户的价值观为导向，以客户满意度为标准，公司的一切行为都是以客户的满意程度作为评价依据。

客户的价值观是通过统计、归纳、分析得出的，并通过与客户交流，最后得出确认结果，成为公司努力的方向。沿着这个方向我们就不会有大的错误，不会栽大的跟头。所以现在公司在产品发展方向和管理目标上，我们是瞄准业界最佳。现在业界最佳是西门子、阿尔卡特、爱立信、诺基亚、朗讯、贝尔实验室……我们制定的产品和管理规划都要向他们靠拢，而且要跟随他们并超越他们。如在智能网业务和一些新业务、新功能问题上，我们的交换机已领先于西门子了，但在产品的稳定性、可靠性上我们和西门子还有差距。

不断强化"为客户服务是华为存在的唯一理由"，提升了员工的客户服务意识，并深入人心。通过强化以责任结果为导向的价值评价体系和良好的激励机制，使得华为所有的目标都以客户需求为导向。通过一系列的流程化的组织结构和规范化的操作规程来保证满足客户需求。由此形成了静水潜流的基于客户需求导向的高绩效企业文化。华为文化的特征就是服务文化，全心全意为客户服务的文化。

华为的组织、流程、制度及企业文化建设、人力资源和干部管理是基于客户需求导向的。任正非在2008年市场部年中大会上的讲话中曾说：

我们奋斗的目的，主观上是为自己，客观上是为国家、为人民。但主观、客观的统一确实是通过为客户服务来实现的。没有为客户服务，主观、客观都是空的。

以奋斗者为本也是以客户为中心

什么叫奋斗，为客户创造价值的任何微小活动，以及在劳动的准备过程（例如上学、学徒……）中，为充实提高自己而做的努力，均叫奋斗，否则，再苦再累也不叫奋斗。企业的目的十分明确，是使自己具有竞争力，能赢得客户的信任，在市场上能存活下来。要为客户服务好，就要选拔优秀的员工，而且这些优秀员工必须要奋斗。要使奋斗可以持续发展，必须使奋斗者得到合理的回报，并保持长期的健康。但是，无限制地拔高奋斗者的利益，就会使内部运作出现高成本，就会被客户抛弃，就会在竞争中落败，最后反而会使奋斗者无家可归。这种不能持续的爱，不是真爱。合理、适度、长久，将是我们人力资源政策的长期方针。我们在家里，都看到妈妈不肯在锅里多放一碗米，宁可看着孩子饥饿的眼睛。因为要考虑到青黄不接，无米下锅会危及生命，这样的妈妈就是好妈妈。有些不会过日子的妈妈，丰收了就大吃大喝，灾荒了就不知如何存活。我们的人力资源政策也必须是好妈妈这样。

以客户为中心，以奋斗者为本是矛盾的两个对立体，构成了企业的平衡。

　　华为虽然组织结构庞大，但对市场的反应速度始终是敏锐的，这是因为华为是以客户为中心，因而对客户需求始终是能准确把握的，这一点不是等到哪一年才提出的想法，这种品性从创业第一天开始就有。华为文化不是具体的东西，不是数学公式，也不是方程式，它没有边界。但也不能说华为文化的定义是模糊的。"以客户为中心"的提法，与东方的"童叟无欺"、西方的"解决方案"，不都是一回事吗？他们不是也以客户为中心吗？华为反复强调之后，大家都接受这个价值观。这个价值观就落实到考核激励制度上、流程运作上……员工的行为就被引导到正确的方向上了。

　　许多企业是自作"聪明"，往往将客户当"傻瓜"，骨子里认为客户是可以长期被忽悠、被骗、被愚弄的，最终被市场和客户抛弃！而华为则将自己当"傻子"，不愚弄客户，坚信只要你真心为客户创造价值，客户最终会聪明地选择你，华为不是"真傻"，是基于客户价值的最高生存智慧！是坚定目标与追求的"傻干"；是坚守以客户为中心，以奋斗者为本的"傻付出"；是基于战略和长远发展的"傻投入"，最终企业和员工都得到"傻回报"。这就是华为的"四傻"。

　　此外，任正非一改过去低调作风，其原因也是因为要以客户为中心。"华为走到今天，一直坚持'以客户为中心'的价值观，也一直在不断地开放、妥协。外界关于华为公司内部的各种猜测，华为公司在舆论中的神秘色彩，在某种程度上，会影响华为公司为客户服务的理念与效果，所以我们决定逐步开放、透明，让大家看看华为神秘面纱背后的'小黑屋'到底是什么。其实，什么都没有。"任正非表示：

　　　大家都说要揭开神秘面纱，其实揭开后一看有什么呢？

满脸都是皱纹。华为也不是不想宣传，虽然我们有450亿美元的销售收入，但过去却只有350个客户群，如果定向宣传成效会大得多。

如何对客户定向宣传呢？当利比亚发生战争时，我们没有撤退，当地员工自己分成了两派，一派留在了的黎波里，一派就去了班加西，各自维护各自地区的网络。中间交火地区的网络，就由华为的员工维护。我们不怕牺牲，用实践说明了我们对客户的责任。维护网络的安全稳定，是我们最大的社会责任。当日本"3·11"地震海啸发生时，福岛核泄漏时，我们员工背起背包，和难民反方向行动，走向海啸现场、核辐射现场、地震现场，去抢修通信设备。当智利9级地震发生时，我们有3个员工困在中心区域，当恢复通信后，他们打来电话，接电话的基层主管也是傻的，说地震中心区有一个微波坏了，要去抢修。这3个员工傻乎乎地背着背包，就往9级地震中心区去抢修微波，递避险的方向去履行自己的责任。对客户，华为已经做了全世界最好的广告。因此，在信息安全被炒作得一片火光中，客户还是信任我们，现在华为还在增长。

第4节 企业的目的是为客户创造价值

1900 ~ 1920 年,对汽车消费者来说,最重要的偏好就是具有基本交通功能并具可靠性。消费者说:"给我一辆好用并且买得起的车。"一家汽车公司说"我听清楚了",设计了经济可靠的车型,并开始批量生产。

消费者对此反应热烈,该汽车公司的市场份额从零上升到55%,成为汽车行业的领袖。

20世纪20年代,消费者发生了深刻的变化,他们富了起来,新车买主的偏好已不再是"基本、可靠、便宜"。新用户的需求转向"给我不同色彩和风格的车,给我多种选择"。

这一回,该公司没有听到,还在将精力和资源投入到大量制作低成本的产品上,而把客户的需求摆在了一旁。1920年过后的几年中,该公司的市场份额从55%暴跌到12%,在半个多世纪的时间里,它失去了汽车工业领袖的地位。

另一家汽车公司听到了这个声音,开发了价格、功能各异的系列车,后来居上。

任正非从部队转业到地方,刚好遇到中国社会巨大转型,从计划经济转到市场经济。任正非有些不习惯，以前做事从来不讲赚钱，都是为人民服务。但市场经济就是要赚钱。任正非回忆道：

> 那时候，不习惯的是，明明铅笔是 2 分钱买过来的，为了卖给你 7 分钱，就要说成 5 分钱买的，这是不是在骗人？后来我自己被别人骗了，去打官司，没有钱，就自学了大量的国际法律书籍。在学习法律过程中，我感受到了市场经济的本质是：货源和客户，这两者的交易就是法律。我们不可能控制客户，法律也不是我们说了算，我们只能控制货源。如何控制？那就是研发。所以在公司规模很小的时候，我们就开始投入研发产品，直到今天世界领先。所以，就是从痛苦中感悟。

除了要抓研发之外，任正非还体悟到，一切都要以客户为中心。

> 商业活动的基本规律是等价交换，如果我们能够为客户提供及时、准确、优质、低成本的服务，我们也必然获取合理的回报，这些回报有些表现为当期商业利益，有些表现为中长期商业利益，但最终都必须体现在公司的收入、利润、现金流等经营结果上。那些持续亏损的商业活动，是偏离和曲解了以客户为中心的。
>
> 长寿企业与一般企业在平衡长期与短期利益的时候有不同的原则，而不同的原则来源于对企业目的的认识。企业的目的是为客户创造价值。

技术研发上的努力和企业经营理念的融合，让华为这家中国企业成为全球许多国家公众眼中值得信赖的企业。在这一点上，华为"成就客户"的核心价值观就意味着"为客户服务是华为存在的唯一理由"，而这家企业没有任何稀缺资源可以依赖，"唯有艰苦奋斗才能赢得信赖和尊重"。

在东欧阿尔巴尼亚的库克斯，华为员工冒着15年未遇的暴风雪赶往偏远山区进行通信抢修；在南美洲哥伦比亚的热带雨林，华为员工靠人拉肩扛把设备运上高山，为当地2759名居民架起通信的桥梁；华为在尼日利亚部署无线宽带网络，使数千万当地居民有机会以可承担的资费使用无线宽带，便捷地享用移动银行、在线教育等服务；华为的新能源解决方案帮助"高山国家"尼泊尔实现偏远地区覆盖，在保护环境的同时，推动当地经济发展，使当地居民的生活因此更加丰富和美好。

> 我们的钱只有一个来源就是在客户口袋里，我们不能用非法手段，所以只能做服务。

"质量好、服务好、运作成本低，优先满足客户需求"是提升客户效益和盈利能力的关键，也是华为的生存办法。

华为所处的通信行业属于投资类市场，客户购买通信网络设备往往要使用10～20年，不像消费品一样使用年限较短。因此，客户购买设备时首先是选择伙伴，而不是设备，因为他们知道，一旦双方合作，就需在一个相当长时间内共同为消费者提供服务。

因此，客户选择的合作伙伴不但要具有领先的技术水平，高度稳定可靠的产品，能快速响应其发展需求，而且还要服务好，这家企业才有长远生存下去的可能。如果达不到前面几个条件，就是送给客户，客户也不要。

　　客户的要求就是质量好、服务好、价格低且要快速响应需求，这就是客户朴素的价值观，这也决定了华为的价值观。但是质量好、服务好、快速响应客户需求往往意味着高成本，意味着高价格，客户又不能接受高价格，所以华为必须做到质量好、服务好、价格低，优先满足客户需求，才能符合客户要求，才能生存下去。当然，价格低就意味着只有做到内部运作成本低一条路。另一方面，客户只有获得质量好、服务好、价格低的产品和解决方案，同时合作伙伴又能快速响应其需求，才能提升其竞争力和盈利能力。

第5节　不是完全以运营商为中心

在全球运营商 TOP50 强中，前 45 家都是华为的客户，华为 70%
的销售收入来源于这 45 家中的前 27 家。任正非曾在一次会议上，专门
对运营商表示了感谢，他这样说道：

> 这 10 年来，营运商始终是华为的良师诤友。他们在我国通
> 信网络的大发展中，在与西方公司的谈判、招标、评标中，练就
> 了一种国际惯例的职业化水平。用这种职业水准来衡量每一家竞
> 标者，使得我们的标书规格差一点，就不可能入围，更不能中
> 标；特别是我们的解决方案，要在先进性、合理性、低成本、高
> 增值、优良的服务上与西方公司进行综合比较才有可能入围。他
> 们的苛求，迫使我们"山沟沟的游击队"也不得不迅速国际化。

"他们对网络的理解，远远超过我们年轻的研发人员。"任正非表
示，"一次又一次的谈判、技术澄清，就是一步又一步引导我们的青年
人真正读懂技术标准，读懂客户的需求。我们一群土生土长的青年人，
很快成了世界领先产品的开发者，要感谢他们的引导。"

他们像严厉的诤友，逼着我们一天一天进步，只要我们哪天不进步，就可能被淘汰。他们处处时时拿我们与西方最著名公司进行比较，达不到同样的条件，就不被选用，逼得我们只有不断地努力，必须赶上和超过西方水平。没有他们的严厉和苛求，我们就不会感到生存危机，就不会迫使我们一天也不停地去创新，就不会有今天的领先。当然也由于我们的存在，迫使西方公司改善服务、大幅降价，10年来至少为国家节约了数百亿元采购成本，也算我们对国家的一个间接贡献。

即使如此，任正非依然认为，华为的客户应该是最终客户，而不仅仅是运营商。运营商的需求只是一个中间环节。

我们真正要把握的是最终客户的需求。最终客户的需求到底是什么？怎么引导市场的需求，创造需求？不管企业、个人……真实需求就是你的希望。

我们已经不是完全以运营商为中心了，以前盯着运营商，是因为我们唯有靠运营商才能生存下来，现在我们继续向前走，运营商是我们近距离的客户需求的代表，远距离的最终客户才是牵引我们的客户需求的代表，这样的话，我们把握最终用户的感觉，我们做出来的东西就会得到欢迎。

任正非认为："未来的流量不全是流在运营商的管道里面，我们要重新认识管道，站在客户的角度考虑问题。什么是我们的客户？我们的客户不仅仅包括运营商，老百姓也是我们的客户。"

由于华为开始做终端业务，老百姓也成了他们的客户。任正非表示："华为做手机是被逼的。当年我们没想过做手机，我们是被逼迫上马的，因为我们的 3G 系统卖不出去，没有配套手机，要去买终端，买不到，才被逼上马的。"

2010 年以前，华为终端公司老总郭平发明了转售机制，给华为手机上量打下了一片天地，但由于是专门给大运营商定制低端手机，算不算成功始终让任正非心里没底。因此，2010 年 12 月，任正非请了徐直军、郭平、陶景文、邓飚、万飚、余承东等召开座谈会进行讨论，当然这次讨论更重要的是，对于终端公司的定位和战略，任正非已完全有了自己的主意，讨论是为了说服大家。

这次会议，确定了华为手机坚决走品牌化的道路，并且要像时装一样好看又好用。这是华为手机的"遵义会议"！

不要把所有的生存希望寄托在运营商身上。任正非表示："我们在不断讲管道，管道不仅限于电信，这是第一点比较大的变化。第二点，是否绑定客户的问题，要看到我们自己在其中发挥的重要作用，而不仅仅是依附谁不依附谁的问题。我们的优势在管道方面，而在终端我们基本上不存在任何优势。

"能不能产生优势要用新的模式来思维，而不是把所有的生存希望寄托在运营商身上。国际歌早就给我们唱了，从来就没有救世主，也不靠神仙皇帝，一定要靠我们自己。我跟很多女孩讲，你不能把你的希望寄托在嫁一个好老公身上，人生有五六十年，要是十年二十年他就拜拜了，你后面要怎么办？所以你必须要靠自己。

"终端一定会有非常厉害的发展，但是机会不一定就是我们的。我和爱立信高层领导会谈的时候，他很高兴地说：我们终于不做终端了，你们去做终端了。人家笑我们不见得不对，就看我们能不能有所突破，终端这两年有了很大进步，但未必能进步到最后。"

华为与运营商之间的新型关系是什么？有人认为，运营商都在转型，华为能做什么？或者是，运营商也在建云，华为也在做云，两者业务是否重合？"未来 5 ～ 10 年是行业处于技术变革和商业模式变革的时期，我们和运营商的合作，从原来的产品到更多的解决方案，以及价值共同创造。我们是核心技术的提供者，建立各种形式的开放、合作和融合的联盟，帮助运营商转型。"

把最终客户与运营商客户区分开来意义重大，这关系到华为到底有没有自身的长远战略。华为业务现在分成三个部分：运营商 BG（Business Group，是华为公司 2011 年组织改革中按客户群维度建立的业务集团）、企业网 BG 和终端 BG。任正非在 2016 年 1 月 13 日市场工作大会上的讲话中提出终端 BG 5 年内达到 1000 亿美元，其他两个 BG 没有涉及。如果华为战略前移，会更准确把握最终客户的需求，会给运营商和一般企业提供更为广泛和有价值的服务。这个市场潜力是巨大的。如果把华为的 3 个 BG 加起来，5 年内华为的收入规模，将会呈现一个爆炸性的数字。

运营商的利益维系在对最终客户需求的开发和满足上。华为战略前移，可以更好地帮助运营商服务最终客户，华为不从事运营商业务，他们是为最终客户服务的伙伴，他们的利益是一致的。而聚焦最终客户的诉求，给了华为这样的制造企业一个不一样的视角。华为就此可以从最终客户的立场和感受来看待通信行业，进而来看待这个世界了。这是客观而理性的视角。

第6节 危机管理也是源自客户需求

每当华为取得巨大成绩的时候,任正非都会及时敲打一下华为,不要沾沾自喜,华为离业内大佬还差得远,华为一直都在危机之中!这些敲打让华为内部调整心态,变得清醒,重新归零迈上新的目标!

任正非表示,自己天天思考的都是失败,对成功视而不见,也没有什么荣誉感、自豪感,而是危机感。

华为公司老喊狼来了,喊多了,大家有些不信了。但狼真的会来。今年我们要广泛展开对危机的讨论,讨论华为有什么危机,你的部门有什么危机,你的科室有什么危机,你的流程的哪一点有什么危机,还能改进吗?还能提高人均效益吗?如果讨论清楚了,那我们可能就不死,就延续了我们的生命。怎样提高管理效率,我们每年都写了一些管理要点,这些要点能不能对你的工作有些改进,如果改进一点,我们就前进了。

MOTO(摩托罗拉)是蜂窝移动通信商用系统的发明人,模拟时代太成功了,就在数字化时代退出了市场。北电(加拿大著名电信设备供应商）10G 太成功了，却错失了 40G/100G 的转型。过去的 AT&T（美国电话电报公司）为什么失败？他判断这个世界是以 2M 带宽为通信带宽基础的，这里指的话音时代，他们没有想到大数据时代，当然我们当时也没有完全想到。现在带宽的需求是被压抑了，压抑后我们就一厢情愿地认为越宽越好。那是不是越宽越好呢？任正非表示：

我们怎么能应对这个时代？我现在不知道。当我们最早提出管道概念的时候，大数据的思维描述刚发育，管道有多粗，流量有多大我们还不知道。我觉得无线比有线更有希望搞明白最终客户需求，因为无线在离客户最近的地方，比较贴近人的基本需求。

现在成功的过程中，哪些东西会构筑我们的死亡。蜂窝当初是为了适应话音时代而设计的覆盖方案，可能无法支持高密度的数据覆盖。但高密度覆盖的基本方式是什么，什么带宽是大量最终客户的基本需求，我真的不知道，如果你们技术假设思想错误了，我们发出去几十万个基站了，我们升不了级了，怎么办？这个时候越成功就构建了我们越大的历史包袱。未来有很多不可预知性。哪怕我们几十万基站已经下去了，只要我们率先比别人知道了，早一点知道我们错在哪，就可能早一些避开失败的轨迹。丁耘（华为常务董事、产品与解决方案总裁）说要 5M 或 10M 无缝覆盖，也许有道理。

在追赶的时候是容易的，但在领队的时候不容易，因为不知道路在哪儿。任正非当年精神抑郁，就是为了一个小灵通，为了一个 TD，任正非痛苦了 8 ~ 10 年。任正非表示："我并不怕来自外部的压力，而是怕来自内部的压力。我不让做，会不会使公司就走向错误，崩溃了？做了，是否会损失我争夺战略高地的资源？我的内心是恐惧的。TD 市场刚兴起的时候，因为我们没有足够的投入，所以没有机会，第一轮招标我们就输了。第二轮我们投入了，翻上来了。第三轮开始我们就逐步领先了，我们这叫后发制人战略。但那 8 年是怎么过来的？要我担负华为垮了的责任，我觉得压力很大，这么多人的饭碗要敲掉了。因为不知道，所以很害怕，才很抑郁。

"现在你们也是高处不胜寒。无线走到这一步了，下一步要怎么走。到底我们将来技术思想是什么？技术路线是什么？我们假设这个世界是什么？我们假设对了，我们就正确了，可能也就成功了。我们假设错了，那我们可能就会进入类似北电、MOTO 一样的衰退。

"思科在全世界 IP（互联网协议）是独树一帜的，多么先进。它在核心路由器上的一个投资错误就被华为超越了。那你以为华为就不会被别人超越吗？所以我们应该在最好、最繁荣的时候讨论华为的崩溃和衰退，也许能找到一条路来。我们不知道客户需求是什么，事先预见客户的需求都是鱼翅燕窝，如果客户的基本需求是麻婆豆腐怎么办呢？我们鱼翅燕窝做了一大桌，但人来了只吃麻婆豆腐怎么办呢？我们怎么知道无线带宽的最佳需求到底是多少呢？这一点我也不清楚，就多听听专家们的意见。"

任正非希望员工们意识到强烈的危机感，只有全身心地投入到企业的生产革新中去，企业才能在竞争中永立不败之地。任正非表示："我们所处的行业方向选择太多而且还处在巨大变化之中，我们一直存在生存危机也一直生存在危机中，华为的衰退和倒闭一定会到来，而只有时时警醒我们自己，我们才能进步，才能延迟或避免衰退和倒闭的到来。"

第 **2** 章

客户价值最大化

CHAPTER 2

　　客户购买产品，一般都很关注以下 5 个方面：产品质量高，可靠稳定；技术领先，满足需求；及时有效和高质量的售后服务；产品的可持续发展、技术的可持续发展和公司的可持续发展；产品功能强大，能满足需要且价格有竞争力。其他公司有可能很容易做到其中的 1 条，但要同时做到 5 条不容易。我们华为紧紧围绕着客户关注的 5 个方面的内容，将这 5 条内容渗透到公司的各个方面。

——任正非

第 1 节　客户利益与企业利益的平衡

很多公司嘴巴上说维护客户的利益，实际上是维护自己的利益，这两件事常是冲突的。通信产业会因为技术标准、频率波段不同，衍生出不同的产品，一个电信商可能会为了满足消费者，需要用到 3 种技术标准，采购 3 套不同的机台，其中安装与后续维修费用甚至高过于单买机台本身。

以一个制造商的角度，当然希望客户买越多套产品，才能赚取越多服务费。这个算盘连小学生都会打，但华为走了一个逆向的路：我来帮客户省钱！反过来站在电信商的角度思考，主动研发出把三套标准整合在一个机台的设备，帮客户省下了 50% 的成本。

"短期来看，我们是傻是亏，但长期就不见得。"华为无线网络产品线营销运作总裁邱恒说。客户省下的钱，可以用于其他投资，研发出更新的产品，从消费者端赚来更多的钱，再回头来跟你合作，双方一起成长。

"当他只能赚一块钱的时候，肯定无法分给你一块五，他若能赚五块钱，你才有机会分到两块甚至三块。"邱恒道出一个简单的商场互利逻辑。

许多技术创新更是从这个过程中而来:华为是第一个把 2G、3G、4G 打通的人,靠一套设备就能提供多面向的服务,当客户提出问题或需求,华为的工程师会回过头去从基础科学中找寻解答,由此产生源源不绝的新产品与专利。

2014 年,任正非曾这样说道:"华为公司这 25 年的发展,基本踩对了鼓点。在世界整体经济大爬坡的时候,我们强调规模化增长,只要有规模,只要有合同,就有可能摊薄我们的变动成本,就一定有利润。当时如果卖高价,客户能买我们的吗?肯定不会。现在这种惯性思维在公司里还是很严重,大家抓订单、抓合同,不管是不是垃圾质量,只要能装到销售额里,就盲目做大做强。在前两年,如果我们没有加强合同质量管理和坚定不移地转变战略目标,坚持以利润为中心,那么今天我们可能不是坐在这里开会,而是让大家回家了。"

第 2 节 从未把利润最大化作为目标

《福布斯》和美国几个著名杂志评价，华为对美国的威胁是什么？为什么美国这么怕华为？因为美国企业谋取短期利益，华为能控制人的欲望和贪婪，所以能长远发展。胡厚崑（华为轮值CEO）提出"获取分享制"有几个特点，第一个特点是要有包容性而不是压榨性，要包容客户、员工的利益，也要包容资本的利益，包容各种要素（如知识产权）的利益，这个机制就能永久生存下来。

任正非如是说。

《华为基本法》明确指出："华为主张在顾客、员工与合作者之间结成利益共同体。努力探索按生产要素分配的内部动力机制。"任正非在1996年就讲过：回顾这些年来走过的道路，我认为我们就是本着一种真诚、互利的合作态度，所以我们的合作伙伴越来越多，我们的销售额也越来越大。

华为与客户之间的合作，更加体现了"利益均沾"的经营指导思想。《华为基本法》讲："我们将按照我们的事业可持续成长的要求，设立每个时期的合理的利润率和利润目标，而不单纯追求利润的最大化。"

华为矢志不渝地追求企业核心竞争力的不断提升，从未把利润最大化作为目标。核心竞争力不断提升的必然结果就是生存、发展能力不断被提升。我们认识到，作为一个商业群体必须至少拥有两个要素才能活下去，一是客户，二是货源。

因此，首先，必须坚持以客户价值观为导向，持续不断地提高客户满意度。客户100%的满意，就没有了竞争对手，当然这是永远不可能的。企业唯一可以做到的，就是不断提高客户满意度。提升客户满意度是十分复杂的，要针对不同的客户群需求，提供实现其业务需要的解决方案，并根据这种解决方案，开发出相应的优质产品和提供良好的售后服务。只有客户的价值观，通过我们提供的低成本、高增值的解决方案的实现，客户才会源源不断购买我们的产品。归结起来，是企业必须管理与服务不断改进。

其次，企业必须解决货源的低成本、高增值。解决货源的关键，必须有强大的研发能力，能及时、有效地提供新产品。由于IT业的技术换代周期越来越短，技术进步慢的公司可能市场占有率会很快萎缩。因此，迫使所有的设备制造商，必须世界领先。IT业每49天就刷新一次，这对从事这个行业的人来说，太残酷了。华为追赶世界著名公司最缺少的资源是时间，要在10年内走完他们几十年已走过的路程。华为已提供了7种世界领先产品，四五种产品为业界最佳之一，这是一代又一代的创业者以生命销蚀换来的。

1999 年，世界权威电信咨询机构 Dittberner 公司在其年度报告中指出，"华为的 C&C08 交换机在全球网上运行量在业界排名第 9 位"，华为因最新推出 iNET（integrated Network Enhanced Telemetry，增强遥测综合网）综合网络平台，被 Dittberner 公司称为"世界少数几家能提供下一代交换系统的厂家"。是国家营造的宏观发展环境，是客户多年来给予的理解和帮助，才使华为从幼小的树苗长成参天大树。

1997 年，出于开拓市场的需要，华为与全国各地邮电部门进行密切合作，成立了一大批合资公司，吸纳邮电系统职工入股，并给予每年高达 70% 的分红。而这些合资公司的主要任务，就是销售华为公司的产品。

任正非说：通过使客户的利益实现，进行客户、企业、供应商在利益链条上的合理分配，各得其所，形成利益共同体。我们毫不怀疑，这样的方式在当时的社会环境和市场条件下，对促进华为产品销售发挥了巨大作用。这么多年来，不单纯追求利益最大化，而考虑的是把市场做大，让合作方得到合理的回报，以利益共同体来促进命运共同体的形成，从而实现事业上的结盟，是华为成功的秘诀。

华为认为 CFO（Chief Financial Officer，首席财务官）最重要的目标是支撑公司及时、准确、优质、低成本交付，只有 4 个要素同时满足，才是真正的以客户为中心。

　　以客户为中心实际上是一个辩证的关系，就是要挤出公司内部最后一滴多余的成本，成就客户的成功，从而成就公司的成功。只要真正以客户为中心，就一定能实现有效增长，CFO 要带着使命感去充分理解及时、准确、优质、低成本交

付 4 个要素深层次的含义，坚持流程化、职业化，在分权过程
中加强科学监管，降低风险和成本，实现公司有效增长。

如果说，华为在 20 世纪 90 年代早期的市场营销中主要运用中国式
情感营销谋得一席之地的话，那么到了现在这个阶段，特别是华为进入
国际市场时，国内的"土办法"可能不太敢用，华为就必须与竞争对手
比"真功夫"了，也就是说靠高性价比与人家抢市场。高性价比是客户
最看重的价值，同时也最能体现竞争差异化。在保持低成本的同时，在
技术和性能上逐渐赶上世界一流设备商的华为越来越令人生畏。

2005 年 1 月 24 日，号称 134.4 亿泰铢的泰国 CAT Telecom 的 CDMA2000
网络建设项目竞标开始。参与者除了爱立信、摩托罗拉和华为 3 家公
司之外，监督席中竟然坐着泰国总理他信（Thaksin）、信息通信部部长
Surapong Suebwonglee 和来自美国、瑞典和中国的驻泰国使馆代表，由
于是残酷的电子竞标，几乎是价低者得，华为最终以 71.99 亿泰铢（约
合 1.87 亿美元）摘标成功。由于 AIS 是泰国总理他信的家族企业，而
华为与 AIS 在很多领域已经有了深入合作，他信说："我们（AIS）使用
华为设备，是因为华为的设备不仅便宜，而且性能出众。"

任正非告诫技术服务人员：

客户是我们的衣食父母，你们的工资收入和各项福利不
是我给的，而是客户给的，客户才是你们真正的老板。我们要
为客户提供优质产品和一流服务，让客户在华为得到尊重，受
到感动，维护良好的客户关系。

第 3 节 "深淘滩，低作堰"

"深淘滩，低作堰"，其中的关键字是"滩"和"堰"。滩，就是河边淤积成的平地或水中的沙洲；堰，就是挡水的堤坝。如果这些滩上的淤泥不及时清理或清理不够，河床就会渐渐升高，从而留下了巨大的泥水隐患，一旦发生洪水，就随洪水冲到田地，破坏庄稼。如果堰，就是堤坝修得过高，就会大量蓄水，从而影响了下游的用水，且在洪水到来时，有决堤的危险。

这是根据内江地区的水域特点设计的治水方案。尤其是堰，多而低，就会最大限度地减缓水流速度和蓄水量，达到既减少洪水的危害，又能实现各级灌溉的目的。这是吸取了前人治水失败教训后得出的科学治水方案，也是李冰在大禹治水的经验的基础上，进一步完善治水工程的伟大功绩。所以，千百年来，都江堰一直在造福着内江流域的人们。

任正非对"深淘滩，低作堰"的治水方式感触颇深，他对这句话的理解是，把做到质量优、成本低、服务好的困难留给自己，把由此带来的利益和方便多让一些给别人。他这样提问：

我们是否要追求利益最大化？为什么要这么快地榨干人

生的价值？资本的最大特点就是追求利益的最大化，如果我们有一天也进入资本市场，那时我们能否克服我们的贪婪，不去追求利益最大化，不快速地走向灭亡呢？现在我们内部的考核中也有局部利益最大化的现象，而没有考虑到端到端流程的全局观。我们的利益最大化，就意味着客户、合作伙伴的利益受到挤压，他们为什么要忍受。

阿联酋宣布由华为独家承建 3G 网络，这是华为甚至是中国厂商全球的第一个 WCDMA 3G 项目。这个项目一直是华为人引以为豪的，因为这一次他们不是以低价取胜，而是比最低的出价高出一倍，但是客户因为他们优秀的服务而毫不犹豫地选择了华为。

当时，华为的 3G 技术尚未完全成熟，而且与客户的关系基础薄弱，虽然几个项目负责人顶着巨大的压力在阿联酋开了试验局，在最短的时间内完成了试验局的建设。但是由于技术还没完全成熟，而且没有商用的案例，问题接二连三地出现了，随后进行与客户的交流效果评估，不幸的事情发生了，客户给了最低的分数——零分。付出的成本已经收不回，以后的机会只有继续争取。但是，在这时他们也没有放弃跟客户之间的交流，努力使客户相信自己有全力以赴的决心。尽管技术上暂时失利，但客户对他们开始慢慢认可。

在最后的时刻，他们找到了反败为胜的关键：2003 年 10 月有两个展览，日内瓦展和 GITEX（全称 Gulf Information Technology Exhibition，即海湾信息技术展），考虑到市场对运营商业务的重要性，他们决定帮助客户参加展览会进行宣传。他们知道，这个时候和客户加强联系不但可以促进和客户之间的关系，而且还会加快项目的决策进度。日内瓦展览开展之前，华为的几个销售员为帮助客户搭建展台调试设备，宁愿暂时牺牲自己的展台。展会举办得空前成功，客户对华为的做法非常满意，一个展会下来，华为人与客户之间的关系基本牢固，Etisalat（阿联酋最大的综合电信运营商）对华为的服务意识感到非常满意。

《华为基本法》第八条："我们的目标是以优异的产品、可靠的质量、优越的终生效能费用比和有效的服务，满足客户日益增长的需要。"这种质量理念反映了华为客户价值最大化的战略意图。

任正非表示，华为要"深淘滩，低作堰"。

> 华为公司若想长存，这些准则也是适用于我们的。深淘滩，就是不断地挖掘内部潜力，降低运作成本，为客户提供更有价值的服务。客户决不肯为你的光鲜以及高额的福利，多付出一分钱的。我们的任何渴望，除了用努力工作获得外，别指望天上掉馅饼。公司短期的不理智的福利政策，就是饮鸩止渴。低作堰，就是节制自己的贪欲，自己留存的利润低一些，多一些让利给客户，以及善待上游供应商。将来的竞争就是一条产业链与一条产业链的竞争。从上游到下游的产业链的整体强健，就是华为生存之本。物竞天择，适者生存。

任正非告诫所有的华为高级干部，一定要克服自己的贪婪，管理好自己的欲望，特别是组织欲望，那样就没有什么摆不平的内外矛盾。为什么客户这么喜欢我们，是因为我们20多年信奉"深淘滩，低作堰"的真理，这条真理指导我们处理客户关系，改善商业生态环境，改善内部关系……坚持诚信对待客户，我们实际上获得了最大的收益。

奋斗，主观上是为了客户，因为一切工作的出发点，就是为了客户，最后的收益是客观上自己获得生存。当一个领导不把功劳归于自己，能够公正评价属下与协作部门的贡献时，就一定会焕发出群体巨大的力量，难道还有什么不能胜利的吗？其结果最大的受益者反而是我们自己，无私是最大的"自私"。

第 4 节　帮助客户成长，实现客户的梦想

　　早在 1998 年，泰国的 AIS 公司还只是一个名不见经传的小型移动
运营商，华为却看到了商机，主动与 AIS 合作。

　　华为不但向该公司提供高质量的产品，还提供了快速响应的服务：
在不到 60 天的时间内完成设备的安装和测试工作，这是其他公司所做
不到的。

　　此外，华为专门为 AIS 开发了 80 项业务拓展所需的新需求，并先
后 80 次对设备进行建设、扩容。

　　最终，华为帮助 AIS 公司将其最大的竞争对手 DTAC（泰国一家移
动运营商）远远地甩在身后，一跃成为泰国最大的移动运营商。

　　当 AIS 公司成为泰国最大的移动运营商时，华为的市场利益也得到
了长远的回报。

　　在 2005 年的一次讲话中，任正非再次重申：

　　　　10 年以前，华为就提出：华为的追求是实现客户的梦想。
　　历史证明，这已成为华为人共同的使命。以客户需求为导向，
　　保护客户的投资，降低客户的 CAPEX（Capital Expenditure，

资本性支出）和 OPEX（Operating Expense，运营成本），提高了客户的竞争力和赢利能力。至今全球有超过 1.5 亿电话用户采用华为的设备。我们看到，正是由于华为的存在，丰富了人们的生活。今天，华为形成了无线、固定网络、业务软件、传输、数据、终端等完善的产品及解决方案，给客户提供端到端的解决方案及服务。全球有 700 多个运营商选择华为作为合作伙伴，华为和客户将共同面对未来的需求和挑战。

1997 ~ 2000 年间，华为在国内通信城市市场拓展时，发现由于当时电信网络设备需求供不应求，国际大公司对客户服务的需求顾不过来，对客户的应急需求反应傲慢和迟钝。

客户的交换机出问题，机器设备宕机了，他们的做法是先讨论问题的根源，先看在哪里才能搞到备件，如何从其他地方搞到备件，在核心板件出现问题或者遇到在中国没有备件，需要从国外进货的话，可能是几天，也有可能是 1 个月以上。这时，客户的心里最着急啊，当他们需要帮助的时候供应商在哪里？问题出现了，客户几个小时不见回复和响应是什么感受。

华为的做法是抓住一切可能的机会，不管什么问题，第一时间赶到出事地点，第一时间与客户站在一起讨论问题，想客户所想，寻找解决问题的方案。客户的感知是第一位的，为客户解决问题的态度是第一位的，紧跟着快速解决问题，优先恢复设备，优先解决客户的投诉问题。

华为承诺快速服务、及时服务，逐渐在客户运维和建设部门形成华为的服务口碑，以后不管客户的网络出现任何紧急问题，华为都会在第一时间赶到客户现场，与客户一起分析和解决问题，满足客户需求，从而赢得客户的理解、尊重和信任。

华为靠用心的服务赢得客户，并用心发现客户的需求层次，用心满足客户高层次的内心诉求及立即解决问题的现实要求，最终让客户感知最佳体验。

第 **3** 章

以客户为导向的
研发策略

CHAPTER 3

　　华为自始至终以实现客户的价值为经营管理的理念，围绕这个中心，为提升企业核心竞争力、进行不懈的技术创新与管理创新。

　　创新必须为客户创造价值，否则创新是有害的。我们公司还重视整个结构机制、不完全是技术创新，因为创新必须为客户创造价值。

——任正非

第 1 节　把握客户的真正需求

任正非曾说：为客户服务是华为存在的唯一理由。如何理解"以客户为中心"？以客户为中心，关键在于将客户需求落地实现：明确创造什么样的价值才是客户需要的，创造客户认可的价值，建立以客户为中心的生态体系。任正非曾这样说过：

> 研发人员的艰苦奋斗就是把本职工作做好。踏踏实实地做好工作，为客户提供优质服务，满足客户需求，就是艰苦奋斗。艰苦奋斗不一定要去"上甘岭"。"上甘岭"最大的困难不就是没水喝吗，如果研发非要去"上甘岭"，那你就在办公室里逼着自己一两天不喝水，不也就是"上甘岭"了吗？！因此，研发的艰苦奋斗，不是说非要去艰苦地区才算"上甘岭"，而是踏踏实实做好本职工作，强调思想上的艰苦奋斗。我希望你们不断地提升工作质量，更多地从全局出发，去考虑产品的可销售性、可安装性、可维护性等等，我们在很多方面有很大的进步，但我们在系统性和管理上还需要再提高，我们要不断思考：能改进吗？还能再改进吗？这就是艰苦奋斗。

CAPEX 和 OPEX 是电信运营商在进行成本收益等内容分析的两个主要指标。

CAPEX（Capital Expenditure）即资本性支出，一般是指资金、固定资产的投入。对电信运营商来说，有关的网络设备、计算机、仪器等一次性支出的项目都属于 CAPEX，其中网络设备占最大的部分。

OPEX（Operating Expense）即运营成本，主要指当期的付现成本。

当时，电信运营商是华为的主要客户，因此任正非将"聚焦客户关注的挑战和压力，提供有竞争力的通信解决方案和服务，持续为客户创造最大价值"作为华为的使命，以获得客户的信赖和认可。而在此基础上，任正非希望通过华为的努力，为人们的沟通创造更多更便利的条件。将华为的企业使命提升到一个更高的高度，也就是华为的企业愿景，即回答了"企业为什么而存在"的问题。

任正非表示，华为的客户应该是最终客户，而不仅仅是运营商。运营商的需求只是一个中间环节，我们真正要把握的是最终客户的需求。最终客户需求到底是什么？怎么引导市场的需求，创造需求？不管企业、个人市场……真实需求就是你的希望。

任正非说，为什么华为不上市呢？上市就要为市值忙，就会被股价牵着鼻子走，就要为资本的利益而奔忙。资本只是工具，不是目的。商业的目的是满足客户需求。这是唯一目的，其他都是手段。

> 我们提倡不盲目创新。我们公司以前也是盲目创新的公司，也是非常崇拜技术的公司，我们从来不管客户需求，研究出好东西就反复给客户介绍，客户说的话根本听不进去，所以在 NGN（下一代网络）交换机上，我们曾在中国市场上

被赶出局。后来，我们认识到自己错了，及时调整追赶，现在已经追赶上了，在国内外实现了大量应用。盲目创新导致了很多西方大公司的快速死亡。高端的 DWDM（密集型光波复用）我们处在世界先进或领先位置。我们的光传输技术在4600 多公里长的中间不需要电中继，世界最长的一个光环网是我们公司提供的，在俄罗斯 18000 公里，其实这个技术是我们从美国花了 400 万美金买的。

西方一些大公司破产之后，很多新技术舍不得丢掉，他们不希望自己的发明烟消云散，希望后人能够接着研究成功。我们参加拍卖，用投资者原投资不到 1% 的价格买到。我们想说明的是，技术并不像有些人那么认为是万能的，客户资源才是十分重要的。我们认为市场最重要，只要我们顺应了客户需求，就会成功。如果没有资源和市场，自己说得再好是没有用的。因此，为客户服务是华为存在的唯一理由，这要发自几万员工的内心，落实在行动上，而不是一句口号。

2001 年，挂牌不久的中国铁通准备启动本地网建设项目——"铁通一号工程"，是铁通成立后的第一个重大项目。对电信设备供应商来讲，这不只是一个单纯的销售项目，而且直接影响到其将来市场战略格局的划分，因此，各设备供应商都打起了十二万分的精神。

"铁通一号工程"分为两期进行，一期项目是各个省会城市本地网建设，作为一个城市的本地网，一般情况下只可能使用一种机型，且省会城市的设备选型情况会直接影响到以后其他城市的设备选型，所以一期项目的重要性非同一般。

"铁通一号工程"由铁通总部对国内 3 家知名厂家进行招标,但各省分公司有权自己选择机型。除华为外,另外两家厂家分别为 B 公司和 Z 公司。

华为项目组人员深入调查,了解 J 省铁通内部的组织结构和决策链以及关键人物的个人背景与彼此之间的关系。同时,还了解相关各厂家与 J 省铁通交往的历史和现有设备的使用情况,并根据了解的情况对项目进行了 SWOT 分析(SWOT 分析,即态势分析法,分别代表 Strengths、Weaknesses、Opportunities、Threats,将对企业内、外部条件各方面内容进行综合和概括,进而分析组织的优、劣势,面临的机会和威胁的一种方法)。

据了解,华为公司的设备在 J 省铁通以往只有少量的应用,客户反应一般。华为公司的优势在于设备功能比较强,有一定的品牌优势;劣势在于价格相对较贵,且客户关系十分薄弱,平时与客户几乎没有交往。而 B 公司在 J 省铁通已经有八千门的交换机在网上使用,由于设备比较陈旧,功能比较差而且运行很不稳定。但该公司与 J 省铁通有长期的交往,关系密切。而且当时铁道部持有 B 公司的股份,所以 B 公司有来自铁通高层的支持,在客户关系上占有明显的优势。Z 公司设备性能与华为公司不相上下,优势在于其设备价格低、市场策略灵活,但该公司产品在 J 省铁通从没有应用过,同样没有客户基础。因此,B 公司对华为的威胁更大,是华为的主要竞争对手。

"铁通一号工程"一期项目时间非常紧迫,从开始运作到最后的投标日期只有不到 3 个月的时间,在这种情况下,如果按照通常的方式先拉近客户感情再打入产品,时间上是不允许的,而且在短时间内客户关系上也很难超越 B 公司。只有抓住客户的主要需求,迅速切入。通过与客户的初次交往，华为项目人员发现客户有强烈的危机感。铁通初建，不仅没有设备、没有市场，更没有电信运营的经验，对于未来的发展十分困惑和茫然。如何生存是铁通的第一需求。华为项目组的一位员工有十几年在电信行业的工作经验，对电信建设和运营有比较深入的了解，这正是客户急需的。于是，华为在与客户交往的时候，不再一味地宣传公司产品的优越性，而是与客户畅谈电信运营商的建设和经营之道，客户非常乐于与华为人交流。客户关系迅速建立起来了，华为同时把握住了客户的本地网的建设思路。

虽然客户关系迅速建立了，但在产品问题上并没有得到客户的完全认可。客户长期使用 B 公司的交换设备，对此设备的操作和维护都比较了解和熟悉，虽然不是十分满意，但客户并不打算引进新机型。客户对华为公司设备的认识也仅仅是对公司品牌的认可和对原来使用的少量设备形成的印象而已。所以客户再三表示说："听说你们公司交换机的模块功能比较强，所以这部分我们想用你们公司的，但汇接局我们还是要用 B 公司的，因为我们原来就用他们的设备，对它比较了解。"这对华为来说是个非常严重的问题。因为了解电信行业的人都十分清楚，如果在电信本地网中不能占据汇接局这一战略制高点的话，就只能充当一个配角，随时都有可能被挤出本地网。这种情况下，靠强力的推销是不起作用的。

此时华为项目人员通过询问客户来发现问题，寻找机会，引导客户。华为项目人员有意识地询问客户 B 公司设备的使用情况，终于在客户陈述的情况中发现了机会——客户使用的 B 公司八千门交换设备不具备局间计费功能（事实上 B 公司的新设备未必存在此问题），所以与中国电信之间的结算只能完全由中国电信说了算，估计每个月损失十几万元。于是华为人进一步询问客户："如果八千门的交换机一个月损失十几万元，那么将来铁通发展到几十万门、几百万门的时候将会怎样呢？"一句话使客户顿时感到了问题的严重性。随后，华为在技术交流中除介绍本公司交换设备的一般功能外，着重介绍了局间计费功能和由此能为客户带来的经济利益。客户对 B 公司交换设备的信心动摇了，完全信赖华为的交换设备。最终一期项目的三万七千门交换设备被华为尽收囊中，并为下一步拓展市场打下了良好的基础。

第 2 节 不能以技术为导向

在创立时期，华为相对于强大的跨国公司来说，其资金和资源都十分有限，不可能像一些世界级企业那样投入几十亿甚至上百亿元的资金用于技术开发，这就注定了他们在有限资金和资源的条件下，技术发展的着眼点不能是从事技术的基础研究。华为决策层认为，华为公司不是科学院和工程院，技术发展的重点不是科学研究和技术发明，而是通过多种形式和渠道及时获取先进技术成果，并科学地掌握和应用这些技术成果，在技术应用上创新。

技术发展和产品发展的重点应紧紧围绕产品开发来展开，应该把先进技术应用到产品开发中去，提高、完善、优化产品的技术，降低产品成本，提高产品稳定性及其他性能，提高产品的市场竞争力和获取高额的市场回报。

因此，坚持以客户为中心、持续为客户创造价值，是华为获得增长的主要原因，而"基于客户的持续创新"是其核心。不管是在产品的核心技术还是外表设计，以客户为导向是华为创新的最根本归属。

为什么不能以技术为导向？任正非给出了十分清晰的答案，他在2003 年的一次会议中这样说道：

为什么不能以技术为导向？技术创新到今天来说，所有人都已经伤痕累累了，为什么？由于互联网及芯片的发明，使人的等效当量大脑容量成千位地增长。美国只有两亿人口，但是美国却相当于有 4000 亿大脑。这样的大脑一起运作，产生新的技术、新的知识和新的文化，它会大大超越人类真实需求。

因为人类的需求是随生理和心理进步而进步的，人的生理和心理进步是缓慢的。因此过去一味像崇拜宗教一样崇拜技术，导致了很多公司全面破产。技术在哪一个阶段是最有效、最有作用的呢？我们就是要去看清客户的需求，客户需要什么我们就做什么。

卖得出去的东西，或略略抢先一点点市场的产品，才是客户真正的技术需求。超前太多的技术，当然也是人类瑰宝，但必须以牺牲自己来完成。

在 20 世纪七八十年代，日本的电子工业革命是非常成功的，美国在这个问题上几乎是输给日本的，但是它的成功却为自己带来超现实的沉重包袱。这个国家是资本家的国家，资本家在整个国家已经投资几千亿元用于技术设施，而且模拟电子得到如此的市场规模，为什么要抛弃模拟电子走向数字化呢？所以日本在数字化这个问题上走慢了。

走慢了以后，美国在数字电子上迅速超过日本。日本发现自己错了以后，又犯了更大的错误，要跨越时代，做出更先进的产品，如第五代计算机，20 世纪 90 年代初期，做出 400G 的 ATM 交换机。日本的 400G ATM 交换机在中国香港开起来时，华为 ATM 项目实质上还没有启动，华为对这种异步转移模式认识还不是很清楚。但是 400G ATM 在中国香港开起来有什么用呢？它领先了客户需求三步，所以它成为"先烈"，先进产品死掉了。它没有过渡时期的产品，过渡时期的产品是符合客户需求的产品，它没有。

华为填补了他们的空白，所以他们把中国市场全部送给了华为。华为是在他们错误的夹缝中找到空间成长起来的。其实一些世界著名公司都走过这种路径，例如有公司掌握有多项世界领先的光纤通信技术，却并没有为它获得市场。因此不是领先者最后都是胜利者，特别是技术领先者。

技术领先需求的速度越来越快，而不是越来越慢。所以越来越快证明了将来知识是越来越不"值钱"的，技术也是不"值钱"的。当知识和技术不"值钱"后，我们这个社会会更加美好。人们对知识、文化、技术的需求程度会更大，愚昧无知的人就更少。由于很难再建立技术壁垒，因此，也不可能有暴利时代。

憧憬一夜暴富不存在后，人们回归理性与平实，社会会变得更加美好。过去华为长期是以技术为导向，华为研发人员研发出一个产品之后，就对客户说多好多好你来用，但是华为又是以多少次失败而告终。因此，任正非要求华为人一定要记住客户需求就是华为产品发展导向。华为发展企业的目的是什么？就是为客户服务。为什么要为客户服务，因为只有客户给我们钱，我们对客户要最好。因此，产品的技术导向是以充分满足客户需求为前提。

联合利华引进了一条香皂包装生产线，结果发现这条生产线有个缺陷：常常会有盒子里没有装入香皂。总不能把空盒子卖给顾客啊，他们只得请了一个学自动化的博士后设计一个方案来分拣空的香皂盒。博士后拉起了一个十几人的科研攻关小组，综合采用了机械、微电子、自动化、X射线探测等技术，花了几十万美元，成功解决了问题。每当生产线上有空香皂盒通过，两旁的探测器会检测到，并且驱动一只机械手把空皂盒推走。

中国南方有个乡镇企业也买了同样的生产线，老板发现这个问题后大为发火，找了个小工来让他解决问题。小工很快想出了办法：他在生产线旁边放了台风扇猛吹，空皂盒就会被轻松地吹走。

这两件事的对比讽刺了"唯技术论"。当企业变大了之后，任正非也有着类似的担忧。

有人问任正非："华为一年销售 462 亿元人民币的秘密是什么？"任正非不假思索地说："因为华为一年申请到的专利超过 1000 件！"华为凭什么敢和思科对簿公堂？因为华为凭自主创新拥有了大批自主知识产权。

华为在产品研发方面表现出少有的偏执情绪，具体表现在对研发的持续投入、对专利和技术标准制定的热情等方面。华为将研发能力和研发规模视为自己与其他民营技术企业的本质区别。

"全球专利申请第一"的光环以及蜂拥而至的媒体报道，却让华为深感忧虑。

只能是领先竞争对手半步

任正非重视研发，强调技术的先进性，但绝非要一味领先，而是遵循适度原则。也就是说，比竞争对手稍微领先，保持一定的先进性即可，技术过于先进有时候不一定是好事。

"领先三步是先烈，领先半步是先进。"华为副总裁、首席法务官宋柳平说，"创新也不能走向极端，研发和技术要紧密围绕如何帮助客户成功，要坚持商业和客户需求导向。"

为了在市场上赢得先机，抢占市场份额，每家企业时刻都在绞尽脑汁地更新技术，保持技术领先。任正非认为产品和技术每晚一步，就意味着巨大的失败和压力，但也并不是领先越多越好。因为太超前的技术往往不能很快得到市场的认可，不能马上产生经济效益。任正非在"华为公司的核心价值观"专题报告上表示：

> 超前太多的技术，当然也是人类的瑰宝，但必须牺牲自己来完成。IT 泡沫破灭的浪潮使世界损失了 20 万亿美元的财富。从统计分析可以得出，几乎 100% 的公司并不是因为技术不先进而死掉的，而是因为技术先进到别人还没有对它完全认识与认可，以至于没有人来买，产品卖不出去却消耗了大量的人力、物力、财力，丧失了竞争力。许多领导世界潮流的技术，虽然是万米赛跑的领跑者，却不一定是赢家，反而为"清洗盐碱地"和推广新技术而付出大量的成本。但是企业没有先进技术也不行。华为的观点是，在产品技术创新上，华为要保持技术领先，但只能是领先竞争对手半步，领先三步就会成为"先烈"，明确将技术导向战略转为客户需求导向战略。

其实，任正非这样的理念也是从失败的教训中总结得出的。

在华为发展的前期，为了打破外国通信巨头对高附加值的高科技产品的垄断，华为实施了"技术驱动"战略，在技术研发中坚持高起点，始终瞄准业内尖端、前沿、最有市场的产品，努力站在与国际跨国公司同一起跑线上。

　　1998 年，中国联通 CDMA（Code Division Multiple Access，码分多址接入）项目进行招标，华为为此做了充分的准备，遗憾的是华为最终落选了。导致招标出局的原因是华为在产品选型上观念过于超前，放弃了性能相对稳定的过渡产品 IS95 版，而选择一心一意去研究 2000 版。由于当时 2000 版的芯片刚研究出来，性能尚不稳定，因此联通最终决定采用 IS95 版。通过那次的失败经历，任正非意识到华为的研发战略必须要改变。

进行针对性的开发

　　华为中研部副总裁方惟一讲了一个故事：1997 年，天津电信的人提出"学生在校园里打电话很困难"，任正非当时紧急指示："这是个金点子，立刻响应。"华为用了两个月就做出了 201 校园卡，推出后市场反应热烈，很快推向全国。实际上这项新业务只需要在交换机原本就有的 200 卡号功能上进行"一点点"技术创新，但就是这个小创新，使得华为在交换机市场变劣势为优势，最终占据了 40% 的市场份额。

　　1998 年，华为通过市场调查，特别是与电信运营商的深入交流，了解到运营商对接入服务器有着巨大的需求潜力，而当时流行的接入服务器大都不具备电信级的性能。为此，华为公司迅速开发出了创新的电信级接入服务器产品 A8010，一经推出，迅速风靡市场，2000 年市场占有率为 70%。

　　再如，华为分布式基站就是在仔细分析了客户需求的基础上研发出来的。华为发现欧洲移动运营商花在租用机房、设备用电、安装维护等方面的费用成为其最大的支出。基于欧洲客户这种需求,华为研发团队积极创新,开发出了分布式无线基站解决方案,设备可以安装在过道、楼梯间和地下室等狭小的空间,大大降低了机房的建设与租用成本,并且易于安装。"这款分布式基站没有革命性的技术,也不存在过多的技术含金量,仅仅是工程工艺上的改进而已。"华为人士说,但是它却为华为的欧洲运营商客户每年节省了 30% 的场地租金、电费等运维费用。因而受到欧洲市场的欢迎。

美国《商业周刊》对华为的评价很朴素:"它的成功是因为其为客户提供了顶级质量、最优性价比的产品。"

第3节 对最终用户需求高度敏感

追逐实用的企业文化，已渗透到华为公司的每个角落。一条法则自发形成了：一切以市场需求为导向，这使得华为成功并受益至今。事实上，华为大多数获得市场成功的产品，都不是凭借技术的先进性，而是对最终用户面临的烦恼与难题的高度敏感。

但这并不代表华为不重视技术研发。每年研发投入费用高达年营业额 1/5 的华为，比竞争对手更注重新业务和产品的新功能。华为市场人员认为："现在，价格已不是最有利的竞争手段，因为跨国公司的报价也很低。往往就是一两个功能的差别决定了客户选择谁。"

有位客户这样评价一些技术人员：你们有些专家能讲清楚光纤的种类，而讲不清楚光纤的熔接；能讲清楚设备功耗的指标，却无法为我推荐一款可靠的电池；能讲清楚业务发放的流程，却从来没有去过运营商的营业厅。

真正的专家是不能缺少一线经验的，最好的给养其实来源于客户。专家要从一线中来，也要到一线中去，在与客户的碰撞和交融中检查和修正对待专业的标准，避免成为伪专家。

在一次工作汇报会议上，任正非指出华为的研发人员不贴近市场，不考虑其研发成果是否能得到市场的认可，有闭门造车之嫌。于是他提出了"技术市场化，市场技术化"的口号。任正非在上海电话信息技术和业务管理研讨会上谈道：

> 我们号召英雄好汉到市场前线去，现在一大批博士、硕士涌入市场，3～5年后会对公司的发展做出推动。现在C&C08即使达到国际先进水平，也没什么了不起。因为您的产品是已有的产品，思想上仍是仿造的。唯有思想上的创造，才会有巨大的价值。例如，首先发明光纤通信。为使公司摆脱低层次上的搏杀，唯有从技术创造走向思想创造。杂志、资料不能产生思想创造，只有用户需要才能产生。所以我们动员公司有才干、有能力的英雄豪杰站出来，到市场前线去了解用户的需求。

市场是多个对手残酷竞争的局面，谁最贴近用户的需求，谁就会赢得用户的信赖。1999年的Y省项目就是一个很好的例子。华为当时一点把握都没有，因为产品刚推出市场，在网上还没有真正开个商用网，客户的技术人员觉得华为的机会比较渺茫。

但后来华为了解到一个很重要的客户需求信息：客户除了要建大量的关口局外，还对以后建移动智能网有考虑，当时华为在骨干智能网还没有影响力，但华为根据客户的需求，从投资及网络发展两方面提出了关口局与SSP（基站系统进程）合一的建设思路。这正中客户的下怀，并且只有华为提出能提供此产品。最终这成为华为第一个全网建设关口局的订单。

这一事例坚定了华为的信心，客户的需求是产品生命力的源泉。谁把握了客户的需求，谁就赢得了市场机会。了解客户的需求，应该是每一位开发人员首要的事。产品开发一定要从技术驱动转向市场驱动。

第 4 节　不要将自己的意志强加给客户

2010 年，华为研发正处在一个从"以技术为中心"向"以客户为中心"转移的时期。

我们应该承认，研发这 20 年来取得了很大的成绩。我和很多国际大公司的领导人沟通的时候，他们都认为电信行业是一个门槛很高的行业，他们没想到华为敢攀这个门槛，更让他们不可想象的是，西方企业花了 100 多年，而我们只用了 20 年就达到了同样的水平，所以我们要肯定研发付出的努力、艰辛和贡献，要肯定研发领导的贡献，贡献的过程甚至是痛苦的。

华为已经走在了通信业的前沿，要决定下一步该怎么走，其实是很难的。正如一个人在茫茫的草原上，没有北斗七星的指引，如何走出去。任正非认为，华为发展的前 20 年，占了很大的便宜，有人领路，阿尔卡特、爱立信、诺基亚、思科等都是华为的领路人。现在华为没有领路人了，就得靠自己来领路。领路是什么概念？就是"丹柯"。丹柯是一个神话人物，他把自己的心掏出来，用火点燃，为后人照亮前进的路。任正非表示：

> 我们也要像丹柯一样，引领通信领域前进的路。这是一个探索的过程，在这个过程中，因为对未来不清晰，可能会付出极大的代价。但我们肯定可以找到方向的，找到照亮这个世界的路，这条路就是"以客户为中心"，而不是"以技术为中心"。

研发体系大多数人是工程师，渴望把技术做得很好，认为把技术做好才能体现自己的价值。简简单单地把东西做好，在研发中也许评价是不高的，而把事情做得复杂，显得难度很大，反而评价很高。这就不是以客户为中心，客户需要实现同样目的的服务，越简单越好。华为要让那些能把功能简简单单做好的工程师得到认可，才能鼓励"以客户为中心"在研发中成长。因此任正非希望华为的技术人员不仅仅做工程师，要做商人，多一些商人的味道。任正非表示：

> 这个世界需要的不一定是多么先进的技术，而是真正满足客户需求的产品和服务，而且客户需求中大多是最简单的功能。华为在创业初期是十分重视客户需求的。当时，客户要什么我们就赶快做什么，这帮助我们实现"从农村走向城市"。但当我们壮大后，就想把自己的意志强加给客户。客户需求量大但技术简单的东西，我们不去认真做到最好，反而客户不怎么用但技术很尖端的东西，我们却耗费很大的精力和成本做到

最好，这就是工程师，就是"以技术为中心"。

西方国家认为，最重要的是管理而不是技术，但在我国，很多人认为最重要的是技术。因此，在国内，重技术轻管理，重技术轻客户需求，还是比较普遍的。但主宰世界的是客户需求。任正非希望华为的技术人员改变思维方式，要做工程商人，多一些商人味道，而不仅仅是工程师，要完成从"以技术为中心"向"以客户为中心"转移的伟大变革。

第5节　推行面向客户的解决方案

我们现在提的无线解决方案、网络解决方案，其实都是以自己为中心，不是以客户为中心。客户需要的是一个综合解决方案，它可以是华为做得好的东西，也可以包括华为从外面买进来的东西，只要满足其需求。因此，公司提出了运营商解决方案、企业解决方案和消费者解决方案概念，以这3个解决方案来引领研发的变革，这就是以客户为中心的研发变革。

运营商解决方案，我们已经做了很多年，我们确实有极强的竞争力。企业解决方案是一个非常大的机会，我们可以好好发展一下。

任正非如是说。

至于消费者解决方案，华为是被逼上马做消费品的，当时3G没有相配套的终端，华为就不得不做起了3G终端。华为的大多数人都很严谨，就像造万里长城，一块砖一块砖砌得很好。而消费品往往不需要万里长城，它不需要经历几千年的考验，可能只是3个月的昙花一现。

在运营商解决方案上，我们要面对明天的数据泛滥，应对像电影《2012》中的洪水那样的信息海啸。超大容量，超高速度，多维复杂的交换、传输，可能以我们想象不到的速度出现，我们应有能力挑起这个担子，敢于加大平台投入，敢于去挑战未来。只要我们能在世界上真正站起来，不管美国怎么反对，也得买我们的。多年来美国一部分人，一部分媒体，长期歪曲、攻击我们，说明我们的美丽已经让他们嫉妒，难道林志玲的美丽是歪曲可以改变的吗？她的光芒是嫉妒可以阻挡的吗？我们要以此为豪，增加信心，我们要更加投入，使我们美丽，更美丽。平等的基础是力量。

我们要加大对平台的投入，构建明天的胜利，未来的竞争是平台竞争。3 个解决方案都需要大的平台，我们又有充足的利润，为什么不加大平台投入，超前竞争对手更多、更多。我们要思考怎么从话音时代走向数据时代。华为现在强调做管道，未来的管道数据流会越来越大，数据泛滥就像电影《2012》中的洪水一样，还没来得及修起第二道堤坝水就涌过来了，在修第三条堤坝时，水又涌过来了，最后把珠穆朗玛峰都淹了。我们还没在管道中建立起正确的模式，洪水就泛滥了，冲垮你的河堤。

有人估算，未来 5 年数据流量可能会扩大 75 倍，那么原来的管道也会相应地扩大，未来数据管道直径不是长江而是太平洋，面对直径像太平洋一样粗的数据管道，如何建起一个平台来支撑这个模型？大家都想想看，这不就是华为的市场空间和机会吗？华为要抓住这个机会，就一定要加大对平台的投入，确保竞争优势。任正非希望把深圳建成一个平台研发机构，而把一些产品研发机构迁到研究所去。

我们一定要在平台建设上有更多的前瞻性，以构筑长期的胜利。但研发现在对平台的投入还不足，投入不足的原因是我们的管理水平，不知道往哪里投钱，如果我们不能把钱很好地花出去，说明没本事。

我们的产品研究所以及应用研究所，要更加灵活、开放，更加在可维护、可工程上做文章，一定要做到世界上最优、最好、最灵活、最合算。

2011年起，华为公司面向政企行业客户，组建了专属的服务组织。同年12月，面向政企客户的服务解决方案架构正式发布。从2012年至2014年的3年间，华为企业服务从服务产品标准化工作开始起步，实现了包含工程、维保、培训及其他20款专业服务产品的标准化，到结合不同行业客户需求特点发布多达20款垂直化服务解决方案，再到如今基于行业客户体验对服务解决方案架构进行优化与更新，几年来华为企业服务保持了持续高速发展与业务增长。

在"HUAWEI CONNECT 2016"全联接大会上华为首次正式发布企业业务解决方案伙伴计划（Huawei Enterprise Solution Partner Program）。基于华为领先的信息和通信技术（ICT）基础架构，此项计划旨在大力发展与华为打造联合解决方案的合作伙伴，共同服务全球客户。

践行华为面向企业市场的行动纲领——打造业务驱动的ICT基础架构（BDII，Business-Driven ICT Infrastructure），华为企业BG将向该计划中的合作伙伴开放技术接口，为其提供全球技术专家及实验室资源，并支持这些高价值方案走向市场，助力客户的商业成功。2016 年，华为企业 BG 已在全球发展了 300 多家总经销商和一级增值经销商、10000 多家二级渠道伙伴、400 多家解决方案伙伴，业务覆盖 140 多个国家。

目前，华为在中国已经有了几十万家合作伙伴，既有线上业务也有线下业务，过去与合作伙伴，华为更多是销售和交付，未来，则更多是基于企业云服务直接面向客户。过去，IT 仅仅是一个支撑系统，但现在 IT 基础设施服务化，大量企业不再是自己购买产品、自己部署、自己运维，而更倾向于购买服务。IT 系统不能只为内部服务，而要面向客户与合作伙伴，所以华为决定发布面向政府和企业的云服务。推出企业云服务是华为信息通信技术产品和解决方案的延伸，是实现华为在信息通信技术领域投资回报的新商业模式。

第 **4** 章

以客户为导向的
创新策略

CHAPTER 4

　　华为投入了世界上最大的力量去进行创新，但华为反对盲目的创新，反对为创新而创新，我们倡导有价值的创新。没有技术创新与管理体系的"傻投入"，就不会有真正的产品与市场的竞争力，就只能靠低价和打价格战，就没有利润空间。产品品质不好是耻辱，企业没利润可挣也是一种耻辱。从企业活下去的根本来看，企业要有利润，但利润只能从客户那儿来，只能加大对客户价值创造能力的投入。而企业不赢利，对人才、技术和管理就不会有钱去投入。

——任正非

第 1 节　从客户中来，到客户中去

从企业活下去的根本来看，企业要有利润，但利润只能从客户那里来。华为的生存本身，就是靠满足客户需求、提供客户所需的产品和服务，并获得合理的回报来支撑。

可见，任正非一直坚守着商人的传统法则。也因此，"客户是我们生存的唯一理由"被列为华为价值观的第一条。

曾有一个时期，华为研发人员一味地追求技术超前。结果，片面追求技术进步，变技术开发为玩技术，导致技术研发严重脱离市场，华为的生产过程中出现了较为严重的残次品现象。任正非发现了这一倾向，马上指出，技术人员不要对技术宗教般崇拜，要做工程商人。你的技术是用来卖钱的，卖出去的技术才有价值。在任正非带领下，华为开展了一场声势浩大的"反幼稚运动"。

任正非将所有坏的板材都堆放在台上，在谈了很多关于设计人员的幼稚病导致的危险后，将这些板材作为奖品全部发放给了那些失误的设计人员，要求他们摆在家里的客厅里，不时看看，提醒自己。以此让员工们记住：因为研发、设计的幼稚，导致公司遭受了大笔损失。

1996 年底，任正非在听取生产计划、销售计划工作汇报后说道：

　　"群众路线""与工农兵相结合"的道路，我们的革命前辈已经走了几十年，甚至还是穿着"小鞋"走过来的。今天，我们千万不能忘记这条路线，我们工作在第一线的博士、硕士、工程师就是我们新时代的"工农"，我们要深入其中，身临其境，调查研究，发现问题，总结规律。

　　任正非还当即表示，要送给主管生产计划的葛才丰和主管销售计划的王智滨每人一双新皮鞋，希望他们以及公司所有的干部职工继续深入实际，到生产第一线，仔细调查研究，认真摸清基层实际，研制出真正符合客户要求的产品。

　　做正确的产品，就是从客户中来，到客户中去。华为最重要的是接近客户，客户到底需要什么样的产品，华为就以此来定义产品，选择做什么样的产品。因此，当客户需要什么样的产品的时候，华为也会非常明确。做出来的产品是不是真正满足客户的需求，后面有一个反馈的问题，需要到客户中去。

　　创新是企业发展的较重要的内容，但是不要片面地去理解创新，应该是基于继承性基础上的，基于客户需求的可持续的创新。

　　华为的创新理念，就是要不断满足客户的需求，不断根据客户的需求去进行创新。华为最先采用的分布式基站方案，就是一个很好的例子。据了解，以往由于运营商建设一个基站需要较高成本，在一些较为偏远的地区，通信网络往往无法覆盖到。华为基于运营商资源分析，在广泛调研客户需求的基础上，在业界最早提出并形成分布式基站的建网思路。这种方法就是将原先的大基站分成几个小基站，在较大的范围内分布。这种小基站便于安装，设备小，成本低，可用于人烟稀少的地区。在 2008 年汶川地震中，灾区基站都被损坏，这种小基站迅速地发挥了作用，帮助灾区在短时间内恢复通信。

如今，更多的运营商认可了华为的独特价值。由于坚持以客户为中心的创新战略，使华为能迅速提供领先解决方案，提升网络性能，减少网络运营成本，不断创新以帮助运营商应对业务挑战；通过提供面向未来的创新网络解决方案，保护运营商建网投资。这就是为何越来越多的领先运营商选择华为作为最佳合作伙伴的原因。

在拓展欧洲 3G 市场时，华为注意到欧洲运营商在网络部署中希望基站能占地更小，安装更方便，更加环保省电，覆盖效果更佳，由此华为提出了分布式基站理念，并率先将其产品化，彻底改变了传统基站的建设模式，不仅大大降低了机房的建设与租用成本，并且易于安装，降低了设备安装成本，帮助运营商降低运营成本 30% 以上。目前分布式基站已经成为全球范围内移动运营商部署移动网络的重点考虑方案，大量运营商由于采用了华为公司的解决方案而使得网络质量和性能发生了彻底的改观。

第2节　有价值的创新

全球市场几乎有一个共识:华为无疑是全球通信科技领域最为勤奋的创新爱好者之一。华为已经在 170 多个标准组织和开源组织中担任核心职位,已累计获得专利授权 36511 件。华为发布了全球首个 5G 测试床,推出业界首款 G·fast 样机,提出了业务驱动分布式云数据中心架构,提出 5G 空口关键技术 SCMA……这些突破让华为成为全球业界公认的 5G 标准研发的引领者,也为中国在全球通信产业竞争中占据主动立下了汗马功劳。

而在华为轮值 CEO 胡厚崑看来,华为实现良好业绩没有什么玄妙,关键就在于企业坚持不懈地科技创新、持续推动开放合作以及不断地优化内部管理机制。

战略投入是一个长期、痛苦的积累过程,在研发上,至 2016 年,过去 10 年,华为累计投入 2400 亿元进行研发创新,17 万员工中研发人员占比高达 45%。华为在全球设立 16 个研发中心,36 个联合创新中心。如此高投入的背后,很多人并不知道,华为也曾经历了常人难以想象的艰难。

具体到服务器的研发方面,华为 IT 服务器产品线总裁邱隆表示,华为每年都将收入的 10% 以上用于研发，自始至终以高品质、高可靠性、技术领先、差异化的创新作为自身的价值定位，围绕客户应用场景，从底层芯片、整体架构、工程设计和上层应用全面持续创新，充分地满足客户当前和未来对于云计算基础设施的变化需求。此外，华为在底层芯片上也持续投入巨大，在管理软件、虚拟化、大数据、分布式存储、数据库、操作系统、算法等方面也累积了丰富的实践经验。

创新的基础，是科学合理的管理。创新的目的，是为客户创造价值。天上不掉馅饼，华为蹄疾而步稳地坚持创新。

华为员工大多数是年轻人。"年轻"使华为快速发展，但也是华为最严重的缺陷。任正非曾经说过，华为最大的优势和劣势都是年轻。年轻人不怕失败，有冲劲，是华为的希望，同时，年轻人也容易冲动、易犯错误。因此，任正非提醒公司各级领导人，要严格把关，正确引导下属的行为，鼓励下属改进。

由于年轻的特点，很多华为人的好奇心代替了成熟，很多研发人员片面追求技术创新、功能的全面，不愿意去做提高生产性、稳定性、可靠性等默默无闻的工作。在片面的"技术至上"，甚至将技术领先作为一种炫耀资本的时候，华为出现了一个奇怪的现象——在某种复杂的产品上，华为人能够做得很好，但同类技术应用在简单的地方，效果却很差。这说明，华为人的技术突破能力很强，但把产品真正做好的能力很差。

为避免研发人员只追求技术先进而缺乏对市场的敏感，华为硬性规定，每年必须有 5% 的研发人员转做市场，同时有一定比例的市场人员转做研发。

任正非在其题为《狭路相逢勇者生》的演讲中谈道：

　　新的产品研究体系的特点：一要保持持续领先；二要以
客户的价值观为导向，强化为客户服务，追求客户满意度。

　　研发战略调整之后，华为与客户之间关系由原来的华为有什么好产
品就向客户推销什么，不论客户是否需要，转变为客户需要什么，华为
来开发。这样应客户需求而进行的研发不仅使华为更加贴近客户，有效
提高客户忠诚度和满意度，还直接影响了企业利润。

　　2002 年 6 月，任正非在公司研委会会议、市场三季度例会上说：

　　如果死抱着一定要做世界上最先进的产品的理想，我们
就饿死了，成了凡·高的"向日葵"。我们的结构调整要完全
以商业为导向，而不能以技术为导向，在评价体系中同样一定
要以商业为导向。

　　这里的"商业导向"是指客户需求。至今，华为展厅上展示的两句
话仍是："产品发展的路标是客户需求导向，企业管理的目标是流程化
组织建设。"这已经成为华为创新的核心价值观。

　　没有了市场压力，就没有了华为。任正非希望通过市场压力的传
递，使内部机制永远处于激活状态，永远保持灵敏和活跃。任正非将
"卖不出去的研发成果"称作"奢侈性浪费"，并警告那些有盲目研发
倾向的华为人："研发成果不能转化为商品，那就是失败！"任正非在
题为《全心全意对产品负责，全心全意为客户服务》的演讲中谈道：

　　为了使我们的研发人员能够铭心牢记"从对科研成果负

责转变为对产品负责"这句话，我们年终将把库房里的呆滞物料打成一个个包，发给研发人员做奖状。每人一包，你可拿到市场去卖，请你回答，我们这历史累积的上亿元的呆滞物料是怎么产生的？就是你们一笔一画不认真产生的。这么多的呆滞物料，经过这么大努力的处理还有数千万元是不能利用的，几千万元啊！我们有多少失学儿童，就是因为少几毛钱、少几块钱不能上学，这要让我们每一个研发人员铭记在心。

…………

今年我们发中研部呆滞物料奖，明年我们要把用户中心的飞机票，也打成一个个包，再发给中研人员做奖状，让他拿回家去对亲人说是自己得的浪费奖！华为公司实行低成本战略，其实我们的产品成本并不高，而是研发浪费太大！浪费就是马虎、不认认真真……我们要真真实实地认识到我们所存在的问题，我们的最大问题就是上次在中研部提到的问题：幼稚，一定要反掉幼稚。我认为我们到下个世纪将不会幼稚，我们必须从现在开始就要反掉幼稚。

在华为"反幼稚"的那段时间，研发部的走廊里、电梯入口处，到处是"工宣队"制作的各种幽默的宣传漫画，一一列举什么叫研发的幼稚行为，如何去避免研发的幼稚病，等等。

任正非表示：

华为投入了世界上最大的力量去进行创新，但华为反对盲目的创新，反对为创新而创新，我们倡导有价值的创新。没有技术创新与管理体系的"傻投入"，就不会有真正的产品与市场的竞争力，就只能靠低价和打价格战，就没有利润空间。产品品质不好是耻辱，企业没利润可挣也是一种耻辱。从企业活下去的根本来看，企业要有利润，但利润只能从客户那儿来，只能加大对客户价值创造能力的投入。而企业不赢利，对人才、技术和管理就不会有钱去投入。这是个简单道理，我们"傻"才会按简单道理去"傻投入，傻干"！华为坚持走技术创新的道路，关注知识产权。

第 3 节　只要小改进，不要妄谈颠覆

一些华为研发人员醉心于对最好最新技术的追求，却往往忽略了客户的真正需求。20 世纪 90 年代中期，华为进入快速增长轨道之时，启动了规模研发投入。据华为副总裁、首席法务官宋柳平回忆说，华为最初对"创新的根本内涵"理解也是模模糊糊的，以至于华为早期在工程师文化引导下开发的交换机和传输设备遭到了运营商的大量退货并提出维修要求，因为这些产品过度地强调了"自主创新"，而忽视了通信产业"对已成熟技术的继承是提高产品稳定性和降低成本的关键"这一基本事实。

华为公司拥有的资源，你至少要利用到 70% 才算创新。每一个新项目下来，就应当是拼积木，只有最后那一点点才是不一样的，大多数基础都是一样的。由于一些人不共享资源地创新，导致我们很多产品进行了大量的重复劳动，根本就不能按期投产，而且投产以后不稳定。

任正非表示，创新也要坚持小改进，不要妄谈颠覆。任正非这样

说道：

> 作为大企业，首先还是要延续性创新，继续发挥好自己的优势。不要动不动就使用社会时髦语言"颠覆"，小公司容易颠覆性创新，但作为大公司不要轻言颠覆性创新。公司现在也对颠覆性创新积极关注、响应，实际是让自己做好准备，一旦真正出现机会，我们要扑上去抓住机会。

任正非要求华为人坚持为世界创造价值，为价值而创新。他要求华为人还是以关注未来5～10年的社会需求为主，多数人不要关注太远。

> 我们大多数产品还是重视延续性创新，这条路坚决走；同时允许有一小部分新生力量去从事颠覆性创新，探索性地"胡说八道"，想怎么颠覆都可以，但是要有边界。这种颠覆性创新是开放的，延续性创新可以去不断吸收能量，直到将来颠覆性创新长成大树苗，也可以反向吸收延续性创新的能量。

破坏性创新是指创新者把产品进行翻天覆地的改造，然后把新的产品推广给消费者，目的是颠覆现有的市场。破坏性创新的产品可能比原有的产品更简单，性能亦可能不及原先市场的同类产品。但它们往往是较便宜和方便的，可以吸引到更多人试用产品。所以破坏性创新的特点是高风险和不稳定的。可以这样说，当你把成品制造出来之前，你都不知道哪一类型的消费者会比较喜欢和接受你的产品。诚然，高风险换来的自然是高回报。一般来说，中小企业比较多采用破坏性创新。原因是大部分市场被现有的大公司垄断了。它们希望可以利用破坏性创新颠覆现有的市场，为自己杀出一条血路。

不少大企业不喜欢用破坏性创新，反而喜欢用延续性创新。因为企业需要面对的市场规模和增长率一般都是已知的，技术进步的轨道有迹可循，而且主要消费者的需求通常都非常清晰明了。由于绝大多数技术创新在本质上都属于延续性创新，因此大多数管理人员都知道如何依据切实可行的分析和规划来管理此类创新活动。

许多实例表明，在延续性创新中保持领先地位（预先了解哪些信息是已知的，哪些计划是可行的）并不会对市场竞争格局产生重大影响。在延续性创新中，技术的跟随者能够表现得和技术领先者一样出色。

任正非在一次会议中这样说道：

> 你光看他搞了一个新东西那不是创新。我刚才讲了研发系统，有些项目研发的时候连一个简单东西都自己开发，成本很高，他不是创新，他是消耗、浪费了公司的宝贵资源。一个大公司，最能体现降低成本的措施就是资源共享。人家已经开发的一个东西我照搬过来装进去就行了，因为没有技术保密问题，也没有专利问题，装进去就行了，然后再适当做一些优化，这样才是真正的创新。

任正非认为，创新应该是有边界的，不是无边界的。即便有了长远的战略思想，也是在今天的思想上逐步演变，逐步改进。

> 苹果的成功是靠 40 年的积累成功的，个人电脑就是苹果

发明的, 图形界面也是苹果发明, 后来进入 MP3 音乐也成功了。MP3 出现时我就说了一句话, 这个加个通信不就更厉害了吗? 果然加了通信, 第一代就卖了 900 万台手机。你看苹果 iPhone 的成功是 40 年积累的突破, 并非"一日之寒"。有时候我们不要总想用革命性思想使自己颠覆, 人类需要的不是颠覆, 人类需要的是技术高质量的继承与发展。

我们对 2012 实验室的约束是有边界的。只能聚焦在主航道上, 或者略略宽一些。产品创新一定要围绕商业需要。对于产品的创新是有约束的, 不准胡乱创新。贝尔实验室为什么最后垮了, 电子显微镜是贝尔实验室发明的, 但它的本职是做通信的, 它为了满足科学家的个人愿望就发明了这个电子显微镜。发明后成果丢到外面划不来, 就成立了电子显微镜的组织作为商业面的承载。所以无边界的技术创新有可能会误导公司战略。

在与贝尔实验室多次交流的时候, 他们问任正非华为为什么能成功。任正非表示, 华为理解了中国的客户需求。

我借用了中国古时候婆婆给媳妇说的一句话"新三年, 旧三年, 缝缝补补又三年"来说明华为对技术与产品的看法。我们认为客户一般都是希望在已安装的设备上进一步改进功能, 而不会因新技术的出现而抛弃现在的设备重建一个网。

因此, 当全球的主要通信设备制造厂家放弃了对现有的交换机的研究开发, 而全面转入了未来的下一代 NGN 交换机研究时，我公司仍然继续对传统交换机的研究投入不动摇。不幸的是全世界的营运商在 IT 泡沫破灭后，都是与中国电信的观点一致，不再盲目追求新技术，而更多地考虑网络的优化与建设成本，结果我公司在传统交换机供应量上，成了世界第一。

西方经济泡沫破灭后，西方公司又开始动摇了他们推崇的下一代 NGN 交换机，不知道世界下一步的潮流走向，推进中产生了迷茫。又由于财务状况不好，开始大量裁员，以致精力顾不过来，我们却在 NGN 上一直往前冲，下一代交换机我们又赶上他们，进入了世界前列。传统交换机我公司占世界总量的 16%，但下一代有可能就占世界总量的 28%。这就是我们真正理解的客户需求，把客户需求看作真理，然后在世界市场上得到很好的结果。当时我们认为，不发达国家一定会走这条道路的。今天，发达国家也在走这样的路。

第 4 节　基于客户的持续创新

　　基于客户需求导向的产品投资决策和产品开发决策。华为的投资决策是建立在多渠道收集的对客户大量市场需求的"去粗取精、去伪存真、由此及彼、由表及里"的分析理解基础上的，并以此来确定是否投资及投资的节奏。已立项的产品在开发过程的各阶段，要基于客户需求来决定是否继续开发或停止或加快或放缓。

　　华为能够无视顺境逆境，获得稳定增长的动力何在？答案是，华为始终注重自主创新，为企业注入了持续发展的活力。

　　为了支撑无线业务的持续增长，通信领域的技术和服务将发生翻天覆地的变化。在网络飞速发展的趋势下，如何引领未来无线通信尖端技术的发展将是业内各个企业关注的首要问题。专利和标准是技术创新的承载表现，是通信产业最高层次的活动，是企业的核心竞争力，决定着产业的发展方向乃至话语权。4G 时代来临，这有可能是一个让中国新兴强者寻求超越的时代。

　　目前，华为在中国、美国、欧洲等国家和地区申请的专利超过 6 万件。在无线通信领域国际标准中拥有 2000 多件基本专利；LTE（Long Term Evolution，长期演进）领域有超过 800 件基本专利，占全球该领域的 15%，位列全球第一；UMTS（Universal Mobile Telecommunications System，通用移动通信系统）领域拥有基本专利占全球总数的 6%；GSM（Global System for Mobile Communication，全球移动通信系统）领域拥有基本专利占全球总数的 3%。

围绕客户需求的持续创新，作为华为的内在基因，促使华为创造了许多 LTE 行业的标准和架构，引领了一个又一个技术潮流。华为的创新并不是一个空泛的概念，基于客户的持续创新是华为坚持的方向。在华为看来，企业要发展就必须有利润，而利润来源于客户，所以不管是产品的核心技术还是外观设计，以客户为导向是创新最根本的归属。只有满足用户的需求，实现技术商品化，才能为客户创造价值。创新做得好的企业，必然有优秀的研发管理。研发管理规范了华为的技术创新流程，保证了"以客户需求为导向"的技术创新，让华为的技术创新做到在准确理解客户需求之后，再将客户的需求准确传递，然后根据市场需求，准确进行创新取舍评判，并且保证了人力、财力的全面支持。

创新者的脚步总是快人一步。正是创新使华为得以与行业巨头竞争并活下来，也正是华为的规范化流程管理让华为的创新之路越走越远。

那是 2000 年 9 月，华为研发系统召开几千人的大会，任正非说道：

> 将这些年由于工作不认真、BOM（Bill of Materials，物料清单）填写不清、测试不严格、盲目创新造成的大量废料作为奖品发给研发系统的几百名骨干，之所以搞得这么隆重，是为了使大家刻骨铭心，一代一代传下去。为造就下一代的领导

人,进行一次很好的洗礼。

任正非将闭门造车、自以为是的研发态度归结为"幼稚",认为这是一种刻意为创新而创新,为标新立异而创新的表现。任正非要求华为全体员工要牢记:

> 我们公司大力倡导创新,创新的目的是什么呢?创新的目的在于确保所创新的产品拥有高技术、高质量、高效率、高效益。从事新产品研发未必就是创新,从事老产品优化未必不能创新,关键在于我们一定要从对科研成果负责转变为对产品负责,要以全心全意对产品负责,实现我们全心全意为顾客服务的华为企业宗旨。

不能任由技术创新脱离市场的缰绳狂奔。华为对研发人员要求:"不能只对项目的研发成功负责,要直接对产品的市场成功负责。"无论是产品的核心技术开发还是外观设计,都是如此。华为还从流程运作和考核机制上来保障这种导向。"任总想向社会表达一种声音,过度'自主'地创新,是危险的。"华为人士说,华为关于创新的核心思想是,如何提高企业的竞争力,满足"质量好、服务好、运作成本低、优先满足客户需求"这四点要求,而不过度强调是不是"自主"开发和创新,"那是个舍本求末的东西"。

"华为原来的开发模式是分离的开发模式,就是说我们的技术部门根据技术的发展情况设定技术路标,产品开发部门就根据技术路标去开发产品,再由市场人员提供给客户,进行推广销售。"华为副总裁、首席法务官宋柳平回忆说，华为深刻地感受到"技术引导"带来的危害性。

对此，任正非提出"从对科研成果负责转变为对产品负责"的口号。他在题为《全心全意对产品负责，全心全意为客户服务》的演讲中解释说：

> 现在在座的所有的人都必须对产品负责，产品犹如你的儿子，你会不会只是关心你儿子的某一方面？你不会吧。一个产品能生存下来，最重要的可能不是它的功能，而只是一个螺丝钉，一根线条，甚至一个电阻。因此，需要你对待产品也像对待你的儿子一样。

IBM（国际商业机器公司）带来的集成产品开发思路，为华为带来了一种跨团队的产品开发和运作模式：市场部、采购部、供应链、研发部门、财务部门、售后部门等在产品立项阶段就开始参与，从而确保产品从最初立项到实现，全过程都是依照客户的需求而产生；与此同时，成本竞争力的考核也贯穿始终，系统分析通过购买和自主开发两种方式获得的技术对产品竞争力的影响。

2014 年，任正非谈消费者业务：

> 华为手机推进了这么多年，但总是追求新，不追求可靠，还是存在很多问题。
>
> 研发了这么多功能，其实很多功能很少使用。在应用上，我认为还是要以客户需求为中心，客户需求应该有个正态分布规律，可以用数学方法来分析人类信息需求的轨迹。在最终用

户使用量最大的功能这块，我们要下决心做好；对于边缘部分，即使高技术、高水平的需求，有点问题也没关系。应用平台不一定要自己开发，谁做得好就跟谁捆绑，一定不能捆绑垃圾应用。我们要集自己的优势和别人的优势。若我的车没油了，搭上有优势的车，也就有优势了。

我们一定要坚持做好一个消费平台，平台是需要像修"万里长城"一样慢慢修的。最终消费者的消费内容非常多，不要让消费的内容牵着我们走。苹果有很多内容，但并非一两天爆发出来的，它坚持用 40 年做好了一个平台，联结了非常多的内容厂家才构建了今天。纵向整合，苹果是很成功的；横向整合，三星是很成功的。

第 **5** 章

以客户为中心的
人力资源管理模式

CHAPTER 5

在华为，坚决提拔那些眼睛盯着客户，屁股对着老板的员工；坚决淘汰那些眼睛盯着老板，屁股对着客户的干部。前者是公司价值的创造者，后者则只会谋取个人私利。

——任正非

第 1 节　坚决提拔眼睛盯着客户的员工

我认为华为核心价值观最重要的一点，就是一切为了客户。你只要有这个价值观，你就有生存价值。华为有很多价值观，归纳起来只有一个，就是一切为了客户。你看看只要能和客户打成一片的人，都升官升得很快，至少管道系统是这样。你看看有非常多的年轻人现在的位置都很高了，其实就是天天跟我们的客户在一起。

终端里面要敢于使用新人，终端没那么复杂，没有什么搞不清楚的。中基层干部要以会做事的人为中心，会做人不会做事的人整天不断地去沟通，不断开会，糊里糊涂的；会做事的人一上来，这场战争怎么打，把这个搞清楚，会做人的人去沟通，做思想工作，战争一定要胜利，就简单得很。我们公司内部沟通复杂，就是让很多不明白的人当了官，你只要改变这个状况，你就有希望。

"以客户为中心"的战略由任正非明确表达为：

在华为，坚决提拔那些眼睛盯着客户，屁股对着老板的
员工；坚决淘汰那些眼睛盯着老板，屁股对着客户的干部。前
者是公司价值的创造者，后者则只会谋取个人私利。

企业存在的所有意义就在于能够满足客户的需求，所有的产品开发
都应该是以客户需求为导向。一句话，"外行领导内行"的"领导"既
不是所谓的"外行"，也不是所谓的"内行"，实质上是"客户需求"；
"外行领导内行"的实质就是以客户需求为导向。

华为确定了一把手的三点责任：布阵、点兵、陪客户吃饭。什么
叫布阵？就是组织建设，以及组织行为建设。什么叫点兵？就是干部选
拔、使用、考核的路线和干部新陈代谢的和谐解决。什么叫陪客户吃
饭？就是要紧紧抓住客户需求，不管是内部客户还是外部客户，都要紧
紧抓住。任正非表示：

华为公司的干部要淡泊名利，踏踏实实做事，用平和的
心态去面对未来。华为公司只有一个鲜明的价值主张，那就是
为客户服务。大家不要把自己的职业通道看得太重，这样的人
在华为公司一定不会成功；相反，只有不断奋斗的人、不断为
客户服务的人，才可能找到自己的机会。

为了贴近客户，华为对研发部所有副总裁级的人员也建立了每周有
几次见客人的制度。

第 2 节　客户满意度是重要考核指标

中国人民大学的一批 EMBA（高级管理人员工商管理硕士）学员在去英国某大学进行交流访问时，对方教授曾如此评价华为：华为走过的路，与世界上那些曾经辉煌的企业走过的路一样。这些企业在达到巅峰之前也是以客户为导向的，但到达巅峰后，它们开始听不进客户的话，不愿意主动满足客户需求，于是它们渐渐衰落了。

华为自 2001 年开始对客户进行持续性的第三方客户满意度调查，目的是要给全球客户提供更优质的产品和服务，在日益激烈的市场竞争中保持领先。

满意度调查结果显示了客户对华为服务的充分肯定，同时客户的评价和建议就是华为反观自身的明镜，是改善服务质量的良药。

基于客户需求导向的人力资源及干部管理，客户满意度是从总裁到各级干部的重要考核指标之一。外部客户满意度是委托盖洛普公司帮助调查的。客户需求导向和为客户服务蕴含在干部、员工招聘、选拔、培训教育和考核评价之中，强化对客户服务贡献的关注，固化干部、员工选拔培养的素质模型，固化到招聘面试的模板中。

我们给每一位刚进公司的员工培训时都要讲"谁杀死了合同"这个案例，因为所有的细节都有可能造成公司的崩溃。我们注重人才选拔，但是名牌大学前几名的学生不考虑，因为我们不招以自我为中心的学生，他们很难做到以客户为中心。现在很多人强调技能，其实比技能更重要的是意志力，比意志力更重要的是品德，比品德更重要的是胸怀，胸怀有多大，天就有多大。要让客户找到自己的需求得到重视的感觉。

有一位华为人曾这样写道："如果要提高客户满意度，我们先要过自己这一关，自己去亲身体验一次。举个在现场感受较深的例子。为了把设备和辅料搬运到山上的站点，我们常常需要把包装拆了又装，重新打包，包装箱和辅料的浪费令人心疼。我们要去的站点，很多都没有地址记录，或者地址错误，我们不得不花费大量时间去寻找站点。不亲自去做，我们很难体会到，自己开发设计的东西和工作习惯很可能让客户不满意。如果我们不是要爬那么险峻的山，永远不会思考 RRU（Radio Remote Unit，在远端将基带光信号转成射频信号放大传送出去的设备）是不是太重，光纤是不是该卷大一点，容易让人斜背着上山。所以，不仅是 IT 产品，我们的终端产品、运营商产品等是否都需要建立一种内部体验机制？如果连我们自己都觉得产品不好用，不能对自己的产品满意，又怎能让客户满意呢？"

我们强调以责任结果导向来选拔干部，如何避免偏见和短视，确实是一件非常难的事情，它考验着各级干部。善于处理这些事情的人，就更有可能成长为高级干部。如何包容那些迟发的天才，是一件更难的事情，不然你怎么会是领袖人物呢？那些一次就将事情做好，表面上工作很轻松的员工，是潜能很大的苗子，党委及各级组织要帮助他们成长。我们要去除不能为客户创造价值的多余动作，我们要警惕"劣胜优汰"。世界上最难管理的是人，为什么你不行？多么难得的机会，你怎么不努力去迎接这个挑战。

我们各级主管的目标与责任要清晰。责任结果为导向的考核机制，导致内部的机制简单，风气正派，脑袋对着客户的勇士更多。责任结果导向，必然是优秀干部"倍"出，迎合作风消失。

任正非曾讲过，"客户的成功才是华为的成功"，所以之前考核华为的一线，考核华为的客户线，都是用华为的客户增长了多少、赚了多少钱来考核的，不是说客户给了华为公司多少钱。那么华为有了企业业务以后，华为的渠道体系就要以华为的合作伙伴赚了多少钱、有多少的增长来考核华为的商业系统，考核华为的渠道部门，所以华为增加了一个合作伙伴的满意度。

其实整个华为的满意度体系，有一个第三方满意度的调查，华为有对应的流程进行处理、进行闭环，并且监督解决和落实，是一整套闭环的体系。

每年华为都将分层级开展客户满意度调查和评估，第三方客户满意度调查1年1次，业务满意度评估1季度1次，项目结束后客户满意度调查必不可少。华为要从客户视角检验华为是否真正倾听了客户的声音、满足了客户的需求。

华为的客户和合作伙伴的满意度评估也是分层分级开展的，除了华为第三方的年度调查，以及请第三方公司做全球的调查以外，华为还有自己评估的业务满意度，就是自己业务团队的评估。

华为基于每个项目、每个合同完成阶段的满意度的评估，以及基于出现的问题、投诉等一些事件的调查，整个环节共同构成了华为客户与合作伙伴满意度的管理体系。华为企业 BG 质量与运营部部长薛铭坦言道，以后如果碰到这样一些调查或一些问题时，合作伙伴们尽管畅所欲言，因为你们的增长才是用来考核华为一线的，而不是你们为他们说了多少好话，所以大家不用担心。2014 年开始华为在国内的满意度调查涉及金、银牌和分销渠道层面，并对反馈进行解决和整改。

第一个是华为渠道政策的问题，不合理、不稳定、不及时，华为将针对上述方面进行改进和实行一些新的政策。包括解决供应周期长、不可视等问题。

第二个是产品的标签、包装不合理等问题。

第三个是价格问题。价格过高，价格体系不透明，不知道怎么去算出华为的价格来，一定要询了价才知道。

第四是售前机制问题。对于在市场拓展、品牌建设、信息和资料的查询上，华为有信息不畅通的问题。华为对中国区从 2012 年至 2013 年整个供货周期做了一个分析。从刚开始的准备评审材料一直到最后渠道拿到货，或者是发货阶段，将每一个环节的时间天数做了统计分析，可想而知这个周期是非常长的。华为在 2012 年是 41 天。而到了 2013 年 5 月 10 日，华为搭建了一个网上订单系统或渠道的电子交易市场后，令整个周期降到了 27 天。

第 3 节　最好的给养其实来源于客户

"从群众中来，到群众中去"是中国共产党的群众路线，因此，每个党员干部都应该深入基层，了解民众的疾苦。党和政府在选拔领导的时候也强调：要优先选拔那些有基层工作经验和管理经验的干部。这个原则被华为很好地借鉴了。

华为选拔中高层干部十分强调其基层经验。身为老党员的任正非说过，华为的领导人必须具备基层工作经验，否则不能当领导。很显然，有基层工作经验和管理经验的干部更了解员工的工作、生活状况以及想法，也更熟悉公司的企业文化。华为这种干部选拔制度，实际上也是对员工的一种激励，即只要在基层认认真真、踏踏实实工作的员工，都有机会晋升为公司的管理层。

所有进入华为公司的人，不管有多高学历、多高资格，都得从工人做起，没有任何职务，先从基层做起，先了解华为，了解产品再说，以后也许会有大作为，但这第一步不能少。

华为董事会、监事会成员共 18 人，除董事长孙亚芳、CEO 任正非外，其余 16 人，仅有 1 人出生于 20 世纪 50 年代，9 人出于 60 年代，3 人出生于 70 年代，3 人不详。他们共同的特质，除了年轻，就是追随华为 15 年以上。从他们的经历看，无一不来自市场或研发一线，都是从基层做起。

任正非告诫新员工，华为永远不会提拔一个没有基层工作经验的人来做管理者。作为新员工，必须不怕做小角色，才有可能做大角色，实践是提高的基础。

任正非在《致新员工书》中写道：

> 实践改造了，也造就了一代华为人。"您想做专家吗？一律从基层做起"已经在公司深入人心。一切凭实际能力与责任心定位，对您个人的评价以及应得到的回报主要取决于您的贡献度。在华为，您给公司添上一块砖，公司给您提供走向成功的阶梯。希望您接受命运的挑战，不屈不挠地前进，您也许会碰得头破血流，但不经磨难，何以成才！在华为改变自己命运的方法，只有两个：一、努力奋斗；二、做出良好的贡献。
>
> 公司永远不会提拔一个没有基层经验的人做高层管理者。遵循循序渐进的原则，每一个环节对您的人生都有巨大的意义，您要十分认真地去对待现在手中的任何一件工作，十分认真地走好职业生涯的每一个台阶。

有一些华为人对文秘这个基层的岗位比较担心。任正非是这样看待秘书岗位的：

> 公司 15000 名员工中有两三千人从事过秘书岗位，有许多高级干部也出自秘书体系。秘书群体不仅是一个服务主体，同

时也是公司责任主体的一部分。对于流程已经十分清晰的系统的例行管理，可以由秘书直接来完成；经理主要管理例外的系统，以及例行管理中一些界限很模糊的、判断不是很清楚的、决策量比较大的系统。这就是现代管理中经理与秘书相互之间的关系。

秘书是初级的管理人员，并完全有可能从初级管理走向高级管理，这主要在于秘书自身的修炼。什么都管的经理是一个效率不高的秘书，什么决策都不做的秘书很难晋升为经理。秘书是通向经理的第一步台阶。年纪越大，经验越丰富，处理例外问题越熟练，为什么反而被淘汰呢？不应该的。

秘书本身具有管理职能，如果不懂，没有技术就像听天书一样，技术不会白学。秘书可以对例行事件进行管理，不是一个打字员。文秘是走向管理的重要岗位，你们可以充分发挥你的才能，但不一定要跟随技术的进步而进步。

任正非曾这样对新员工说过："我们有个政策就是凡是没有基层管理经验，没有当过工人的，没有当过基层秘书和普通业务员的一律不能提拔为干部，哪怕是博士也不能。你的学历再高，如果你没有这些实践经历，公司就会对你横挑鼻子竖挑眼，你不可能蒙混过关。"

2000 年 9 月，华为的一位员工，清华大学博士杨玉岗在其文章中这样记述道："记得 1998 年初刚进华为的时候，公司正提倡'博士下乡，下到生产一线去实习、去锻炼'。实习完之后，领导让我从事电磁元件的工作，当时我想不通，有一种不被重用、被埋没的感觉，认为自己是堂堂的电力电子专业博士，理所当然应该干项目，而且应该干大项目，结果却让我干电磁元件这种'小事'，既无成就感，又无发展前途，而且只能用到我所学专业知识很小的一部分，所以不值得为'电磁元件这种小事'付出时间与精力，不值得去坐这种冷板凳，当时只是出于服从领导的分配而硬着头皮勉强干上电磁元件这'不起眼'的行当，但是随着后来工作的经历和体验越干越发现：电磁元件虽小，里面却有大学问。

"就在我从事电磁元件的工作之后不久，公司电源产品不稳定而在市场上出现告急，也造成过系统瘫痪，给公司带来了巨大损失，这就是因为某种电磁元件问题而造成的故障，公司也因此而丢失很大的订单。在如此严峻的形势下，研发部领导把解决该电磁元件故障的重任交给了刚进公司不到 3 个月的我。当时我既对公司产品了解不多，又无设计电磁元件的经验，只是凭着工程部领导和同事的支持与帮助，经过多次试验与失败，设计思路才渐渐清晰。

"有一次，电路板联调了几天调不通，心里别提有多沮丧，这时主管李开省过来问我问题出在哪里，我告诉了他，他说：'你先歇一会，让我看看。'过了没多久，老李说问题解决了，原来是一名新员工不小心把一个变压器焊反了。为此，小小的电磁元件问题又因一个小小的粗心而延误联调进度好几天！

"经过 60 天的日夜奋战，我们硬是把电磁元件这块硬骨头啃下来了，使该电磁元件的市场故障率降为零，而且每年节约成本 110 万元。至今公司所有的电源系统都采用这种电磁元件，时过近两年，再未出现任何故障。

"就是这么一个小小的电磁元件，貌似很小，大家没有去重视，结果我这样起初'气吞山河'似的'英雄'在其面前也屡经受挫、饱受煎熬，坐了两个月冷板凳之后，才将这件小事搞透。"

原任职于华为人力资源部培训部张志学讲了这么一个案例："北京大学一位计算机博士，在联想做过柳总（联想董事局主席柳传志）的秘书，在朋友的劝说下到了深圳华为，他以为去了华为，就能谋到一官半职，但是呢，不幸的是，他到华为去南湖做电焊工，因为这是华为的制度，所有的人都要从最基层开始做。这是他人生最灰暗的时期，太太已经辞去了新华社记者的职务，没想到他来深圳做了电焊工，身边很多人离开了，但是他坚持下来了。很快他到了总部，从总部很快到了新疆办事处，很快调到南通办事处。"

"公平竞争，不唯学历，注重实际才干。"华为看重理论，更看重实际工作能力，大量起用高学历人才，也提拔读函大的高中生。任正非在主题为《华为的红旗到底能打多久》的演讲中谈道：

> 坚决反对空洞的理想。做好本职工作。没有基层工作经
> 验不提拔。不唯学历。

当过工人的博士仍然有机会获得与学历匹配的职位，但首先得通过任职资格评价。华为请美国 HAY 公司作顾问，通过消化吸收，一点一点改进，形成自己的任职资格评价体系。华为的工资分配也是实行基于能力主义的职能工资制。

在华为真正的专家要源于一线，也要走向一线。

对于专家的培养，过去有一些成见和误解，往往认为总部才是专家的摇篮。理由很简单而且看似合理：总部资源丰富，视野开阔，同

时距离研发最近。而做一线时间过长也成为很多人解释自己技术退化、知识沉淀不足的借口。这些认识固然有一定的道理,但是仔细推敲却不见得有其内在的必然性,并且容易让人忽视一线实践对于专家培养的重要性。

第 4 节　通过反哺改善艰苦地区的条件

与其他企业的做法不同，华为对于干部只强调选拔，不主张培养和任命。公司的干部不是培养出来的，而是选拔出来的，干部需要通过实际工作证明自己的能力。正如任正非在 2013 年 EMT（Executive Management Team，经营管理团队）办公例会的讲话中称："苗子是自己蹿出土面上来的，不是我拿着锄头刨到地下找到苗子。认可你，然后给你机会，但能不能往上走在于你自己。机会是靠自己创造的，不是别人给你安排的。"

华为强调项目管理中产生人才，每个人都应该从最基层的项目开始做起，将来才会成长，如果通过烟囱直接走到高层领导，最大的缺点就是不知道基层具体如何操作，很容易脱离实际。

华为要求，想当将军的士兵，就一定要从基层出来，去艰苦地区锻炼。任正非这样解释说：

我们说的选拔制就是你有将军的特征我们就选你，不是将军就不选你。而且我们主张不想当将军的士兵都是好兵，为什么呢？这就是我们的职员队伍，我本来就不能当将军，我何必要去受当将军那个折磨呢？到阿富汗去踩踩地雷，到喜马拉雅山去爬雪山，去非洲的原始森林去吃那个苦……我就在深圳当个小职员，就挣个几千、几万块钱的工资，我生活节约点，也很好。你受了半天磨难，浪费了我多少成本，你还是不能当将军，何苦呢？我们只要求当将军的人一定要去吃这个苦。将军选拔制呢，就是说，我们认为让有才能、有干劲、有热情、工作责任心很强的人快速地去这些地方吃苦，就是干部快速成长。所以将军是选拔出来的，并不是培养出来的，培养不出将军来。真正想当将军的是那种有学习精神和渴望的人，你要有渴望，再交少量的钱你就可以参加培训、考试。

将军不是培养出来的，是打出来的

"宰相必起于州郡，猛将必发于卒伍。"将军必须从实践产生，而且是从成功的实践中产生。华为的组织建设也与军队的组织建设类似，先上战场，再建组织，"扛着炸药包打下两个山头你就当连长，没有什么服气不服气"。

华为大学以分级培养后备干部为工作重心，主要是培养实干能力。MBA（工商管理硕士）只是有技能，而干部的天职是要担负责任。

证明是不是好种子，要看实践，实践好了再给他机会，循环做大项目，将来再担负更大的重任，10年下来就是将军了。华为人力资源管理部和华为大学要加强对种子的管理，种

子到各地去干几年以后，不要沉淀下来了，把他忘记了，优秀
种子回炉以后，可以往上将、上校上走。

有管理潜力的人才通过基层实践选拔出来后，将进入培训与实战相
结合的阶段，此时公司会提供跨部门、跨区域的岗位轮换和相应的赋能
培训。"自古以来，英雄都是班长以下的战士。那么英雄将来的出路是
什么呢？要善于学习，扩大视野，提升自己的能力。"

任正非曾明确表示：

我们是选拔者，我们只有选拔责任，不承担培养责任。
下连去当兵，愿意去就去，不愿意就不去，自己认为有才能那
就选择在实践中成长起来，寻找自己成长的机会。没有几个干
部是培养出来的。

到底是先建组织，还是先上战场？任正非表示："我已经对企业业
务的组织建设批评过了，忙着建组织，忙着封官，没任命你先上战场打
啊，打下来不就当连长了吗？你们要以这个方式来考核和选拔干部。官
怎么出来的？打出来的。你战功卓著，当了军长，然后跟着你的人当了
团长，这个宝塔结构的体系是稳固的。而我们用任命的方法建组织，全
世界撒了一大批官，实际上一盘散沙，根本没有作战能力。"

华为人力资源部和片联负责选拔优秀的管理型人才进行循环轮换。
此阶段也加入组织层面的赋能培训任务，由华为大学承担。

1. 循环轮换

在训战结合中对于"战"的部分，华为学习美国航空母舰舰长的培养机制，关注干部的"之"字形成长。"直线"成长起来的干部缺少担负全面发展和协调性强的事务的实践历练。"过去我们的干部都是'直线'型成长，对于横向的业务什么都不明白，所以，现在我们要加快干部的'之'字形发展。""之"字成长意味着岗位循环与轮换。《华为基本法》规定："没有周边工作经验的人，不能担任部门主管。没有基层工作经验的人，不能担任科级以上干部。"

各部门将负责帮助新流动进来的人员尽快融入和成长。循环流动的人员到了新部门，也要通过学习去适应新环境和新工作。

任正非同时也强调干部的循环流动是根据业务需要，不是为了流动而流动。"比如搞概算、合同场景，只需要少部分人跨全球使用，但要求多数人能跨区域使用。为了培养一支有实践能力的队伍，我们才流动。我们只会给可能'上航母当舰长'的人进行循环流动，其他职员不需要海外经验，也不需要流动。职员族固定下来，干一行、爱一行、专一行。所以不是为了干部成长去流动，而是你成长了，就给你流动机会。"

2. 赋能培训

训战结合阶段中"训"的部分主要由华为大学承担，华为大学通过短训赋能输出"能担当并愿意担当的人才"。为此，华为大学教育学院基于"管事"和"管人"两个角度专门开发了相关培训项目：后备干部项目管理与经营短训项目（简称"青训班"）和一线管理者培训项目（简称"FLMP"）。

此外，华为大学有一个核心工程系。核心工程系总体目标：锻炼人，培养人。华为 EMT（经营管理团队）纪要中有着这样的记述：

核心工程营要通过硬装与工程实践，培养 10～20 年以后华为公司有综合实力的干部，核心工程营新兵队的口号是："吃大苦，耐大劳，担大任"；核心工程营干部队的口号是："视野、意志、品格"。

项目管理是华为公司管理的基本细胞，被视为公司最重要的一种管理。任正非说过："美军从士兵升到将军有一个资格条件，要曾做过班长。将来华为干部资格要求一定要是成功的项目经理，有成功的项目实践经验"。"项目管理做不好的干部，去管理代表处和地区部就是昏君"。因此，华为以项目管理为主线去培养后备干部。

以拉通端到端项目管理和经营为主要培训目标的"青训班"，其覆盖人群是将来要成为一线干部的后备人才，旨在为公司未来以项目为中心的科学管理奠定基础。"青训班"项目并不仅仅包括课程讲授，而是一个包括自学、课堂、实战等环节的系统赋能项目。

表 1　华为大学"青训班"项目

赋能环节	概　述
网课自学	学员通过自学初步掌控项目管理的基本环节和理论知识点
课堂演练	5 天实践，模拟组建项目管理团队，采用一线真实案例进行模拟训练，辅以讲师点评，以达到"训练完就能上前线打仗"的效果
项目实践	走上战场，"脱岗"到一线交付项目中实践 2 个月，承担项目管理过程中的一个关键角色，并尽量安排学员跨岗实践
结业答辩	学员参与答辩评估，结业成绩由人力资源部门备案，为其日后岗位晋升提供参考

对于一个志在未来成为"将军"的华为人来说，仅靠业务的项目管理赋能是不够的。一名合格的基层管理者，不仅会"管事"，还要会"管人"。随着公司业务发展，新任干部持续上岗，如何使他们尽快完成"转身"并帮助他们持续提升管理能力呢？

华为大学教育学院推出了专门为基层管理者设计的 FLMP 项目，旨在帮助学员完成从骨干（个人贡献者）到管理者的转身，并"点燃每个基层管理者的内心之火"。作为基层管理者的"班长"，承上启下，在公司责任重大。正如 FLMP 项目负责人在 2014 年华为大学项目荣誉奖评选宣讲会上讲道："点燃这 1.5 万基层管理者的内心之火，就意味着通过他们可点燃所有一线员工！"

同"青训班"类似，"FLMP"也是一个集学习研讨、在岗实践、述职答辩与综合验收于一体的系统性赋能项目。

表 2　华为大学"FLMP"项目

赋能环节	概　述
自学与考试	学员通过自学初步了解管理理论及相关知识点
课堂教学	基于公司对基层管理者的要求，培训课程包括基层管理者角色认知、团队管理、绩效管理、有效激励人力资源管理政策，转换学员思想，为学员植入管理意识和观念
实践检验	任岗实践 5 ~ 6 个月，通过具体实践固化行为
述职答辩	"思想"和"业务"双重过硬的"班长"可通过考核答辩，成绩作为新任干部未来晋升的依据
持续学习	推送 FLMP 知识管理平台和学习地图，方便学员在岗学习

华为崇尚短训制，至于原因，是因为华为所属的行业和外部商业环境是瞬息万变的，要想内部组织长时间系统地脱产培训，恐怕一个学期没结束，公司已经在竞争中落后了。而不学习，仅靠工作中的个体领悟

又远远不能满足这么大组织的学习发展要求，因此平衡下来只有集中精力基于业务痛点开发，并选拔真正具备丰富一线作战经验的教师组织短期授课，组织业务骨干集中分享研讨的短训方式，才是适用于当前公司业务需求的最佳培训方式。

不断地充实自己

任正非表示："英雄努力学习就可能会成为将军"。"华为要发现善于学习的苗子，敢于给他们去'上甘岭'打仗的机会，不死就是将军，死了就是英雄"。

任正非认为，知识是劳动的准备过程，劳动的准备过程是员工自己的事情，是员工的投资行为。任正非表示："我们要改变培训、培养的观点，不要随便用培养这个字眼，自我学习是员工的责任。员工视野不宽阔不是我们的责任，视野怎么去培养？我们不能承担无限责任。我们是选拔者，我们只有选拔责任，不承担培养责任，不要把责任都揽在自己身上。"

成功者主要靠自己努力学习，成为有效的学习者，而不是被动的被灌输者。

《华为基本法》指出：我们强调人力资本不断增值的目标优先于财务资本增值的目标。人力资本的增值靠的不是炒作，而是靠有组织地学习。

据美国国家研究委员会的调查，半数的劳工技能在 3～5 年内就会变得一无所用，而从前这段技能淘汰期是 7～14 年。特别在工程界，毕业 10 年后所学还能派上用场的不足 1/4。因此，学生在学校里注重的不是学习具体的知识，重要的是要学习如何"学习"。在走出校园之后，学习也变成随时随处的必要选择——很多美国人的生活经历就是进进出出校门几十年。任正非在《谈学习》一文中指出："我们要求高中级干部及一切要求进步的员工，要在业余时间学习，相互切磋，展开有关讨论及报告会。员工也有不学习的权利，公司也有在选拔干部时不使用你的权利。这种权权交换，使得每一个要进步的员工都会自觉地学习。高中级干部退步的，我们也要调整下去。"对于员工，不学习将得不到提拔机会；对于干部，无论职位多高、资历多深，都不能躺在功劳簿上睡大觉，不学习、不进步就意味着下岗。

任正非曾发出疑问："为什么不可以让英雄走向将军之路呢？"任正非的思考结果是，要给英雄赋能，给英雄以学习培训的机会，要通过学习、培训，使英雄成为将军。

> 自古以来，英雄都是班长以下的战士。那么英雄将来的出路是什么呢？要善于学习，扩大视野，提升自己的能力。不仅要产粮食，而且要把"五个一"工程提前完成。然后，我们把他们送去需要的地方奋斗，我们暂且叫他们"准将"，准备当将军。准将并不是高于大校的职位，而是准备当将军的士兵。因为艰难环境考验了你，你是英雄，如果只是发个奖章戴着，还只是奖章，如果我们给英雄赋能，就会不同。
>
> 片联说这个地方需要谁，就让他在那里堵机枪，身体已经被打穿了 7 个孔，还堵得住吗？你就拉回来到重装旅、重大项目部或项目管理资源池去循环培训，然后他也达到了跟别人

同级的水平，别人只能定个上尉，他就可以定高一些。这样激励那些曾经历英雄考验的人，在华为能比别人更容易担负起担子来。

2015 年，任正非表示，"加强艰苦区域干部的循环流动，提供更多赋能成长机会"到"公司要通过反哺来改善艰苦地区的条件"。

华为公司崇尚学习。华为轮值 CEO 胡厚崑在一次演讲中这样说："善于学习是提升管理能力的重要手段，善于学习的管理者才能培养学习型的组织，只有学习型的组织才能从容地面对高度不确定的商业环境。学习的途径有很多，书本可以启发我们思考问题、解决问题的方法，但就像'复盘'是棋手最好的学习与提高手段一样，每一次成功和失败（包括自己的也包括竞争对手的）都是我们最好的学习案例，因此必须学会在实战中进行总结与举一反三。人是有记忆的，但组织没有记忆，在当前新干部提拔快，培训系统跟不上组织扩张需要的情况下，如何采取有效措施保证个体的经验在组织内传播与共享是每个团队领导者需要认真解决的问题，总结案例的工作非常重要，但光有案例是不够的，还需要建立一个系统以保证案例中所蕴藏的经验与教训在组织内进行有效的复制，这将直接影响人力资源的使用效率和整个组织的工作质量。"

第 **6** 章

以客户为中心的
组织变革

CHAPTER 6

　　从 1998 年起，华为邀请 IBM 等多家世界著名顾问公司，先后开展了 IT S&P（IT Strategy & Plan，IT 战略与规划）、IPD（Integrated Product Development，集成产品开发）、ISC（Integrated Supply Chain，集成供应链）、IFS（Integrated Financial Service，集成财经服务）和 CRM（Customer Relationship Management，客户关系管理）等管理变革项目。先僵化，再固化，后优化。僵化是让流程先跑起来，固化是在跑的过程中理解和学习流程，优化则是在理解的基础上持续优化。我们要防止在没有对流程深刻理解时的"优化"。经过十几年的持续努力，取得了显著的成效，基本上建立起了一个集中统一的管理平台和较完整的流程体系，支撑了公司进入 ICT 领域的领先行列。

第 1 节　变革始终围绕客户价值

融入客户，理解需求

任正非认为，产品发展的路标是客户需求导向。

我们说，我们要以客户需求为导向，但是客户需求是什么呢？不知道，因为我们没有去调查，没有融进去。

任正非举了一个例子。波音公司的 777 客机是成功的。在设计 777 时，波音公司不是说自己先去设计一架飞机，而是把各大航空公司的采购主管纳入 PDT（Product Development Team，产品开发团队）中，由各采购主管讨论下一代飞机是怎样的，有什么需求，多少个座位，有什么设置，他们所有的思想就全部体现在设计中了。这就是产品路标，就是客户需求导向。产品路标不是自己画的，而是来自于客户。

在 3G 产品上，任正非也提出，只有能让一个外行随随便便就能打通的手机，那才说明华为的系统是好的。在华为，都是为了客户需求而进行自我批判的。

枪声就是命令，在华为，需求就是命令。任正非表示：

> 以后的IRB（投资评审委员会）人员，要有对市场的灵敏嗅觉，就像香水设计师一样，能够灵敏区分各种香味，不能区分就不能当IRB人员。这种嗅觉就是对客户需求的感觉。那么，这种嗅觉能力来自于哪里？来自于客户，来自于与客户聊天、吃饭。我一直给大家举郑宝用的例子。郑宝用为什么会进步很快？就是因为他与客户交流多。我们的接入网、商业网、接入服务器等概念都来自于与客户的交流，实际上就是客户的发明。很多知识智慧在客户手中，我们要多与客户打交道，乐意听取客户意见。客户骂你的地方就是客户最困难的地方，客户的困难就是需求。

把握节奏，坚持客户需求导向

很多企业产品开发中最大的问题是简单的功能做不好，而复杂的东西做得很好。为什么呢？简单的东西大家不喜欢，这就是因为技术导向，而不是客户需求导向。任正非表示：

> 我认为在相当长一段时间内，不可能再有技术导向了。在牛顿所处的时代，一个科学家可以把一个时代所有的自然现象都解释清楚，一个新技术出现会带来商机。但现在的新技术突破，只能作为一个参考，不一定会带来很好的商机。可是，

对于一个具有良好组织体系的公司，如具有 IPD（集成产品开发）、ISC（集成供应链）流程的公司，当发现一个新技术影响到客户需求的时候，就可以马上把这个技术吸纳进来。因此说，流程也是一种保证。

坚持理性的客户需求导向

华为强调，要坚持客户需求导向。这个客户需求导向，是指理性的、没有畸变、没有压力的导向，代表着市场的真理。有压力的、有畸变、有政策行为导致的需求，就不是真正的需求。任正非表示：

我们一定要区分真正的需求和机会主义的需求。

任正非做了一个非常形象的比喻：

我们说，一棵小草，如果上面压着一块石头，它会怎么长？只能斜着长。但是石头搬走，它肯定会直着长。如果因为石头压着两年，我们就做两年的需求计划，两年后，小草长直了，我们的需求也要改变。因此，我们要永远抱着理性的客户需求导向不动摇，不排除在不同时间内采用不同的策略。

经过这么长时间的改革，我们已经开始接受了变革，但真正的变化在于我们的指导思想和世界观。如果指导思想和世界观不变，我们就难于开放，难于变革，难于成功。

为什么现在很多企业体会不到流程再造带来的变化？别忘了，流程背后是人的观念，如果你的企业还是权力导向、自我导向，而非客户导向，那你的流程越拉越长，这个流程就没用。

1998 年，华为不惜花费上亿元的巨资与 IBM 合作，在 IBM 及旗下顶尖咨询机构普华永道的帮助下，华为在国内建立了可以说是"最美国"的流程化管理。以产品的研发和推广为例：

任何产品一经立项，就随即成立由市场、研发、服务、制造、财务、采购、质量等人员组成的"混成团队"（PDT），对产品的整个开发过程进行全面管理。通过服务、制造、财务、采购等后端部门的提前介入，在产品设计阶段就充分考虑到了能制造、好安装、易维护等后续需求，以及对产品整个寿命周期投资回报率的精确测算。产品一经推出，全流程各个环节都做好了充分的准备，以确保随时满足客户可能出现的任何需求。

这样的流程安排，摆脱了原来各部门各自为战的割裂状态，有效地避免了部门之间的推诿、扯皮现象，公司的运营效率、产品质量与服务水平也在整个流程的推动下迅速提高。

正如华为的一位重要客户所说的那样："在华为，整个公司就像一部高速运转的机器，各级员工就像机器上大大小小的齿轮，前面的人会拉着你走，后面的人会推着你走，想不转都不行。"

任正非表示：

变革的目的要始终围绕为客户创造价值，不能为客户直接和间接创造价值的部门为多余部门、流程为多余的流程、人为多余的人。我们要紧紧围绕价值创造，来简化我们的组织与流程。

在一些稳定的流程中，要逐步标准化、简单化，提高及时服务的能力，降低期间成本和管理成本。

第2节　变革研发管理体系

到底一家企业应该以技术为中心，还是以客户为中心，华为的答案是肯定的，以客户为中心。但是大多数企业是靠技术起家的，如何从以技术为中心转为以客户为中心，企业需要经历非常痛苦的业务变革和管理变革。但是这个变革，是为了企业的永续经营与发展，是值得的。

任正非表示：

在互联网时代，技术进步比较容易，而管理进步比较难，难就难在管理的变革，触及的都是人的利益。因此企业间的竞争，说穿了是管理竞争。如果对方是持续不断地管理进步，而我们不改进的话，就必定衰亡了。

我们要想在竞争中保持活力，就要在管理上改进，首先要去除不必要的重复劳动；在监控有效的情况下，缩短流程，减少审批环节；要严格地确定流程责任制，充分调动中下层必须承担责任，在职权范围内正确及时决策；把不能承担责任，不敢承担责任的干部，调整到操作岗位上去；把明哲保身或技能不足的干部从管理岗位上换下来；要去除论资排辈的习惯，

把责任心、能力、品德以及人际沟通能力、团队组织协调能力
等作为选拔干部的导向。

创新做得好的企业，必然有优秀的研发管理。研发管理规范了华为
的技术创新流程，保证了"以客户需求为导向"的技术创新，让华为的
技术创新做到在准确理解客户需求之后，再将客户的需求准确传递，然
后根据市场需求，准确进行创新取舍评判，并且保证了人力、能力的全
面支持。

然而，一家企业的研发管理体系的打造不是单凭一腔热血就能一蹴
而就的。

1998 年，华为交换机用户板因为设计不合理，导致对全网 100 多
万块用户板进行整改；2000 年，华为因为光网络设备的电源问题从网
上回收、替换了 20 多万块电路板，造成十几亿元损失……所有这些错
误都会要求系统的设计和研发全部推倒重来，之前的努力付诸东流。

为此，华为下定决心，要改变研发管理体系。1998 年，华为与
IBM 合作项目"IT 策略与规划"正式启动，内容是规划和设计华为未
来 3 ~ 5 年需要开展的业务流程和所需的 IT 支持系统，包括集成产品
开发、集成供应链、IT 系统重整和财务四统一等 8 个项目。

这使华为形成了从立项到开发，到将产品推向市场，再到量产的项
目管理，实现了公司范围内的跨部门协作，为华为在技术和产品上的成
功奠定了坚实基础。

为什么企业管理目标就是流程化的组织建设？今天大家
进行管理能力的培训，和 IPD（集成产品开发）、ISC（集成

供应链)、CMM(Capability Maturity Model, 能力成熟度模型),以及任职资格和绩效考核体系等一样,都是一些方法论,这些方法论是看似无生命实则有生命的东西。它的无生命体现在管理者会离开,会死亡,而管理体系会代代相传;它的有生命则在于随着我们一代一代奋斗者生命的终结,管理体系会一代一代越来越成熟,因为每一代管理者都在我们的体系上添砖加瓦。所以我们将来留给人类的瑰宝是什么?以前我们就讲过华为公司什么都不会剩下,就剩下管理。

为什么?所有产品都会过时,被淘汰;管理者本人也会更新换代,而企业文化和管理体系则会代代相传。因此我们要重视企业在这个方面的建设,这样我们公司就会在奋斗中越来越强,越来越厉害。刚才有人提问不理解IPD、ISC有什么用,是认识问题,这个东西有什么用?为什么我要认真推行IPD、ISC?就是在摆脱企业对个人的依赖,使要做的事,从输入到输出,直接端到端,简洁并控制有效地连通,尽可能地减少层级,使成本最低,效率最高。就这么简单一句话。要把可以规范化的管理都变成扳铁路道岔,使岗位操作标准化、制度化。就像一条龙一样,不管如何舞动,其身躯内部所有关节的相互关系都不会改变,龙头就如 Marketing(市场营销),它不断地追寻客户需求,身体就随龙头不断摆动,因为身体内部所有的相互关系都不变化,使得管理简单,成本低。

第 3 节 IPD：最根本的营销变革

沿着客户价值创造链梳理，打通端到端的流程，将这些经过检验并稳定运行的流程固化到企业信息化系统中，并使这些流程管理电子化，同时将它们运行的数据固定到数据库中，实现从客户端（需求）到客户端（供应）最简洁、最规范、最不情绪化地控制有效地连通，摆脱了对人的依赖。

1997 年，IBM 对华为当时的管理状况进行了全面诊断：缺乏准确、前瞻的客户需求关注，反复做无用功，浪费资源，造成高成本；没有跨部门的结构化流程，各部门都有自己的流程，但部门流程之间是靠人工衔接，运作过程割裂；组织上存在本位主义，部门墙，各自为政，造成内耗；专业技能不足，作业不规范，依赖英雄，这些英雄的成功难以复制；项目计划无效，项目实施混乱，无变更控制，版本泛滥。通过 8 年的探索和实践，公司以客户需求为导向，构筑了流程框架，实现高效的流程化运作，确保端到端的优质交付。

现在分析一下，美国顾问提供的 IPD、ISC 有没有用，有没有价值？是有价值的。回想华为公司到现在为止所犯过的错误，我们怎样认识 IPD 是有价值的？我说，IPD 最根本的是使营销方法发生了改变。我们以前做产品时，只管自己做，做完了向客户推销，说产品如何好。

这种我们做什么客户就买什么的模式在需求旺盛的时候是可行的，我们也习惯于这种模式。但是现在形势发生了变化，如果我们埋头做出"好东西"，然后再推销给客户，那东西就卖不出去。

因此，我们要真正认识到客户需求导向是一个企业生存发展的一条非常正确的道路。从本质上讲，IPD 是研究方法、战略决策的模式改变，我们坚持走这一条路是正确的。

我们要让所有人理解 IPD、ISC 很难，尤其在新旧体制转换的时候，需要很多的协调量。有些员工，尤其是不善于协调的专家型人物因为接受不了这种协调量而离开了，这是可惜的。但是，我们现在终于走出了泥沼，有了良好的协调方法，一两年以后，协调的难度会减小，有效度增强，IPD、ISC 的作用就会越发明显了。

2003 年，任正非在一次演讲中如是说。

IPD 是一套产品开发的模式、理念与方法。IPD 的思想来源于美国 PRTM 公司出版的《产品及生命周期优化法》。

最先将 IPD 付诸实践的是 IBM 公司，IBM 公司实施 IPD 的效果不管在财务指标还是质量指标上都得到验证，最显著的改进在于：

1. 产品研发周期显著缩短；

2. 产品成本降低；

3.研发费用占总收入的比率降低，人均产出率大幅提高；

4.产品质量普遍提高；

5.花费在中途废止项目上的费用明显减少。

IPD 强调以市场和客户需求作为产品开发的驱动力，在产品设计中就构建产品质量、成本、可制造性和可服务性等方面的优势。更为重要的是，IPD 将产品开发作为一项投资进行管理。在产品开发的每一个阶段，都从商业的角度而不是从技术的角度进行评估，以确保产品投资回报的实现或尽可能减少投资失败所造成的损失。

IBM 公司实施 IPD 效果明显，从流程重整和产品重整两个方面来缩短产品上市时间、提高产品利润、有效地进行产品开发、为顾客和股东提供更高的目标。

IPD 作为先进的产品开发理念，其核心思想概括如下：

（1）新产品开发是一项投资决策。IPD 强调要对产品开发进行有效的投资组合分析，并在开发过程设置检查点，通过阶段性评审来决定项目是继续、暂停、种植还是改变方向。

（2）基于市场的开发。IPD 强调产品创新一定是基于市场需求和竞争分析的创新。为此，IPD 把正确定义产品概念、市场需求作为流程的第一步，开始就把事情做正确。

（3）跨部门、跨系统的协同。采用跨部门的产品开发团队，通过有效的沟通、协调以及决策，达到尽快将产品推向市场的目的。

（4）异步开发模式，也称并行工程。就是通过严密的计划、准确的接口设计，把原来的许多后续活动提前进行，以此缩短产品上市时间。

（5）重用性。采用共用构建模块提高产品开发的效率。

（6）结构化的流程。产品开发项目的相对不确定性，要求开发流程在非结构化与过于结构化之间找到平衡。

总的说来，IPD 的核心是流程重整和产品重整两个方面，流程重整关注与重整产品开发流程，产品重整关注与异步开发和共用基础模块的重用。好比一个地区运输系统，目标（多快好省地运客运货），重整（区域公路网——流程，客货运输车队——产品）。

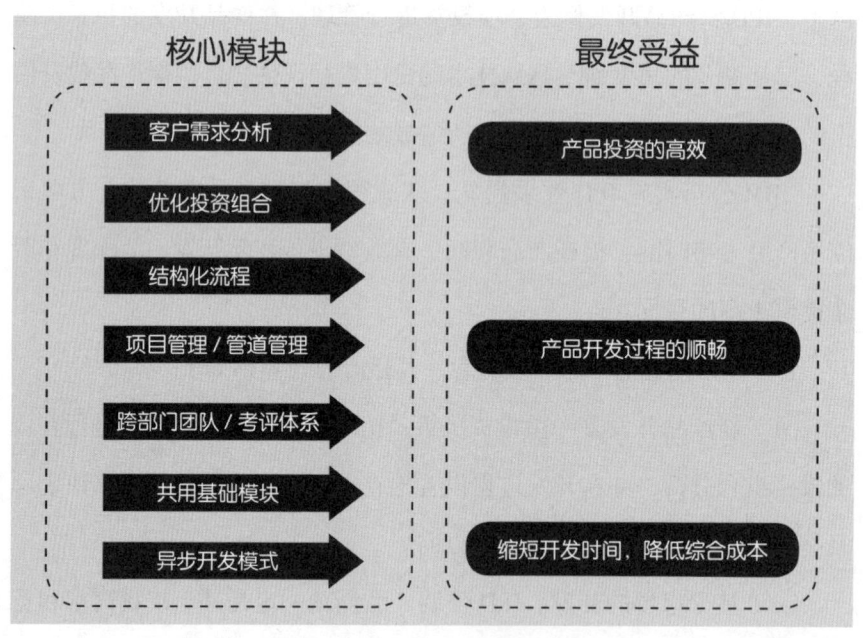

图1　IPD 框架图

从一开始，华为就着力制定了一系列变革进度度量指标，管理层用这些指标来监督 IPD 的落地和效果。有了这些反馈，华为就能在过去的这么多年里不断实施和优化 IPD。在华为这样一个全球化大企业里有效地实施和使用 IPD 绝对是一项了不起的成就。

华为首席管理科学家黄卫伟曾这样说道："企业的新产品开发，为什么有那么多新产品商业上不成功？为什么上市时机一再延误？为什么开发过程中有那么多返工、修改需求、工程更改？一个重要原因就是我们在定义客户需求和定义产品规格时过于急躁。现在许多企业在推行 IPD，但凡推行 IPD 的企业无不听到研发人员抱怨走 IPD 流程太慢，其实这是没有领会 IPD 的精髓。那么什么是 IPD 的精髓呢？就是从关注紧急的事到关注重要的事。什么是重要的事呢？就是识别顾客的真正需求，并把它转化为产品的规格。做重要的事一定不能着急，这就是 IPD 为什么在概念阶段和计划阶段设置了许多模板、流程推进得很慢的道理。西方公司的咨询顾问说得好，中国人有的是时间返工，却没有时间一次把事情做对。可见我们是颠倒了重要和紧急的关系。"

新产品开发是一种投资行为

IPD 的第一个基本思想是，新产品开发是企业的一种"投资行为"。
这个跟平常我们对待产品开发的态度是完全不同的，一般从财务的角度来讲，产品开发往往被看作是一项费用。比如有 A、B 两个项目，A 项目要花 1000 万元，B 项目要花 100 万元，如果公司只有 500 万元，该上哪一个项目呢？如果把产品开发看成费用，企业往往会从成本管控的角度来决定开发什么产品，不开发什么产品。但是，如果把产品开发看成投资，企业就会更多地考虑产品的前景、投资回报和风险。如果 1000 万元的投资项目能够挣回 1 亿元，那就算是贷款也要做这个产品。对于公司来说，一定要清楚为什么要贷款，是因为预期这个投资能挣钱，投入会有产出。所以，把新产品开发看作"投资"还是看作"费用", 不同的态度会导致企业不同的管理方式和决策方式。

客户是检验产品开发成功与否的唯一标准

IPD 的第二个基本思想是, 检验新产品开发成功与否的唯一标准就是商业化的成果, 就是看市场反响好不好, 赚不赚钱。这可能与很多公司的理念不一样, 很多公司会说通过产品开发积累了人员的经验, 积累了一些技术成果。而在 IPD 模式里, 这不是检验新产品开发成功与否的最重要的标准, 最重要的标准就是赚不赚钱。如果产品不能给企业赚钱, 那就是失败的。至于说锻炼了人、积累了技术成果, 那只是副产品, 是意外的惊喜, 赚钱才是最核心的目标。

产品要赚钱, 那就必须以市场为导向来进行设计, 客户才能买账。所以产品开发是基于市场和客户需求进行的, 如果没有市场需求绝对不能进行产品开发。在实践中, 大家常常争论, 做新产品是应该以"技术驱动"为主, 还是以"市场驱动"为主? 这里可以明确地说, 如果是要面向市场批量销售的"产品", 就必须以"市场驱动"为主, 这也是符合"产品开发要赚钱"这个基本思想的。

产品开发须跨部门、跨系统协同工作

IPD 的第三个基本思想是, 高效的产品开发需要跨部门、跨系统工作。人们往往认为产品开发是开发部一个部门的事, 这种想法其实是错误的。产品开发绝对不是开发部一个部门就能完成的，开发部一个部门也无法掌握整个投资决策中的所有信息，比如新产品的市场有多大供应链、该怎么搭建、生产线如何设置、未来的售后体系该怎么规划……这些工作都不是开发部一个部门能完成的。所以，产品开发需要跨部门的团队来完成，这个团队就是"产品开发团队"（PDT）。在这种新的组织架构下，产品开发团队彻底打破了"部门墙"，整合了公司各部门的资源和功能，因此可以做出有效的业务决策。在 PDT 中，研发人员往往还是最多的，研发部外的人员虽然人数不多，但由于他们的资源和能力完全是研发人员所不具备的，因此这些少量的人员投入，却能让 PDT 真正地从业务和生意的角度来策划和执行新产品的各项开发活动，而不是仅仅从技术的角度出发来做研发。这就像炒菜时放的作料一样，虽然作料只有那么一点点，却往往会让整盘菜的味道发生巨大的变化。

在 IPD 流程里，人们参与另一种非实体的管理开发流程 TDT（Technology Development Team，技术开发团队），每个 TDT 的人员来自不同的部门，从市场到财务，从研发到服务支持，目标导向只有一条：满足市场需求并快速盈利。

如今，IPD 的理念已经融入华为人的血液。比方说，产品从一出来就要注意可维护性，技术支持人员随时配备。过去华为是没有技术支持的，研发人员随便写一些资料，现在都有专门的资料开发人员为研发人员做新产品的资料配备，如果没有做，研发人员可以投诉。

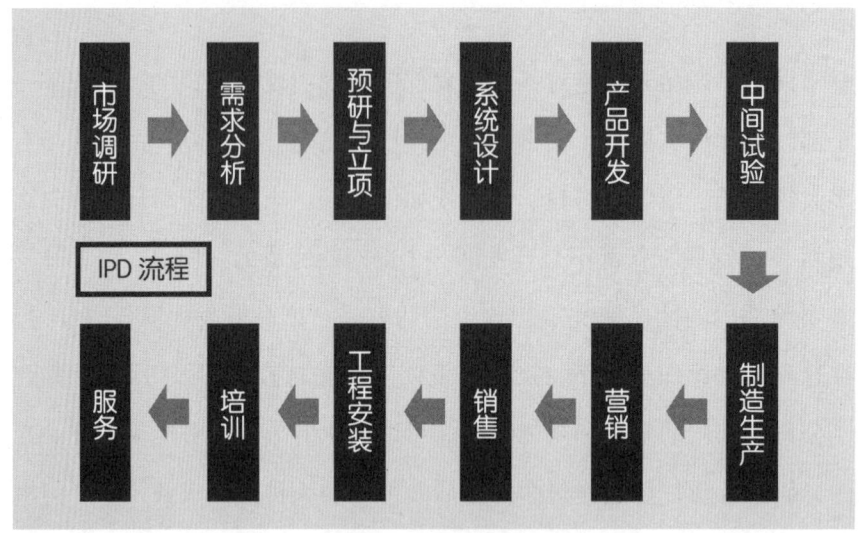

图 2　IPD 流程示意图

IPD 流程强调的是产品从市场调研、需求分析、预研与立项、系统设计、产品开发、中间试验、制造生产、营销、销售、工程安装、培训与服务到用户信息反馈的完整流程意义上的产品线管理。每一条产品线必须对自己的产品是否响应市场需求和销售效益负责，克服了研发部门片面追求技术而忽视市场反馈的单纯技术观点，也克服了市场部门只顾当前销售而不关心产品战略的短视倾向。

这个改变孕育了一个全新的部门——营销工程部，同时也使华为的研发水平开始与国际水平看齐。

改造产品开发流程需要整个公司的变革

IPD 的最后一个基本思想是，改造产品开发流程，需要整个公司的变革。改造产品开发流程是一项系统工程，要在流程、组织、激励、文化等各方面进行改造，并持续进行。这期间"变革管理"是非常重要的一种策略和管理方法。很多公司老板在了解了上述优秀的产品开发体系思想后，往往头脑发热，认为整个体系的建成是非常迅速和容易的，甚至搞"一夜切换"：今天还是老体系，明天新体系就开始运作了。这种简单化思维，往往导致将来在业务压力和新体系的冲突中痛苦挣扎，最后的结果无非是两种：要么放弃新体系用老做法去赢得市场，虽然市场未丢失，但是变革已经名存实亡，企业还是回归了老体系；要么强行推行新体系，严格要求，最后丢失了大量的市场机会，虽然建成了新体系，但付出了过大的市场代价。

其实变革管理的核心是对人的管理。新体系理论上是相对容易理解的，但新体系涉及很多人，这些人的思想和认识的改变是非常困难的，这都要花很多的时间和精力，通过采用小范围试点再逐步推广等策略，既给人们留下了转变的思考期，又不会太大影响新产品推向市场的节奏，这才能真正完成"在正在飞行的飞机上更换发动机"这样困难的变革任务。[①]

根据 IBM 咨询的方法，华为 IPD 项目划分为关注、发明和推行三个阶段。在关注阶段，进行大量的"松土"工作，即在调研诊断的基础上，进行反复地培训、研讨和沟通，使相关部门和人员真正理解 IPD 的思想和方法。发明阶段的主要任务是方案的设计和选取 3 个试点。推广阶段是逐步推进的，先在 50% 的项目中推广，然后扩大到 80% 的项目，最后推广到所有的项目。

1999 年 11 月，集成产品开发项目第一阶段的概念导入正式结束，

---

① 卢刚 . 向华为学习卓越的产品管理 [M] . 北京：中国人民大学出版社，2013.

开始进入推广阶段。

2000年，华为以无线业务部作为第一个"集成产品开发"试点。无线业务部副部长李承军和他那支从各个部门抽出来的10人团队在IBM顾问手把手地指导下把华为的大容量移动交换机MSC6.0送上了"集成产品开发"流程。经历了10个月的开发周期，华为把整个流程走了一遍，算是完成了首次试运行。两年后，华为终于把所有新启动的产品项目都按照"集成产品开发"的流程来运作了。

实行集成产品开发之后，华为的研发流程发生了很大的变化。

单从技术的角度出发，IPD让华为从技术驱动型转向了市场驱动型，它最终改变了华为人的做事方法。以前华为研发项目的负责人全部是由技术人员担任，现在则强调产品开发团队的负责人一定要有市场经验。以前，华为的中央研究部全权负责研发，市场部门负责销售，中央研究部做什么，市场部门就得卖什么。而现在可热闹了，产品做成什么样完全由不得研发人员，很多人都得参与，而这些人在以前都是和研发根本不搭界的人。

在IBM设计的5年课程中，华为逐步在适应这双"美国鞋"：学习——结合华为实际设计相应流程——小规模试行——大面积推行，直至2003年，IPD的"洋装"从1.0版本升级到了3.0版本。这是一个从无到有的过程。从一个技术人员的角度来看，IPD让我们从技术驱动型转向了市场驱动型，它改变了我们的做事方法。

2004年，从最开始的个别项目放在俗称的"玻璃房"下试行供观望，到几乎所有产品进入IPD流程。

第 4 节　ISC：业务流程变革

任正非高瞻远瞩，不断强调，不是照搬 IBM，而是让 IBM 帮助华为培养专家，再依靠自己的专家建立自己的管理体系。一位华为的亲历者说："我们不是学习 IBM 怎么干的，而是 IBM 为什么这么干，其背后的逻辑是什么。"

为了最大程度攫取 IBM 专家的知识、经验和智慧，任正非支持对接组成员不遗余力地缠着 IBM 专家进行交流。下面的这一个细节很能说明问题：一位华为高管说，"几乎每晚请 IBM 专家吃饭，恨不能 24 小时不停地问各个细节，但 IBM 专家只喜欢喝茅台，那餐费就相当昂贵，签单的时候我自己都犹豫，但任老板给我们充足的预算，支持我们全力去做。"

华为由此一步步地学会了 IPD、ISC 管理，以及集成财务管理、人力资源管理、秘书管理系统等，并建立了自己的整体管理体系。

这就有个疑问：请 IBM 做过咨询的中国公司数不胜数，为什么华为如此成功，而有些企业失败？某个行业的龙头企业，当年也高价请 IBM，试图引入管理，但中途夭折，双方互相埋怨。两相比较，产生如此差异的原因在哪？

华为的集成供应链管理变革，成就了华为"以客户为中心"的核心价值观，极大地提升了客户满意度，大幅度地降低了供应链总成本，为华为快速步入世界级企业的发展轨道注入了新的动力。

我们一定要坚持IPD、ISC的流程化组织建设，活学活用，坚决按流程来确定责任、权利，以及角色设计，逐步淡化功能组织的权威，这就是我们说的微观的商业模型。

1999年华为启动两大重点变革项目：1999年3月IPD重整研发的管理及流程，年底又启动了ISC项目来提高供应链的效率。

当时华为的收入还不到100亿元，单依靠工厂主要供应国内市场。供应链连基本的业务计划和预测体系都没有建立起来，经常因供不上货、发错货被投诉，为此还专门成立了"发正确的货小组"，运动式地解决发货问题。

1999年，IBM顾问在对华为的调查中发现，华为的供应链管理水平与业内先进公司相比存在较大的差距：

华为的订单及时交货率只有50%，而国际上领先的电信设备制造商的平均水平为94%；

华为的库存周转率只有3.6次/年，而国际平均水平为9.4次/年；

华为的订单履行周期长达20～25天，国际平均水平为10天左右。

通过考察，IBM顾问指出，华为的供应链管理仅仅发挥了20%的效率，还有很大的提升空间。

华为引入IBM集成供应链管理，对公司的组织结构进行了调整，成立了统一的供应链管理部，它包括生产制造、采购、客户服务和全球物流。

长江商学院院长项兵在其文章《华为的全球化战略》中写道：华为供应链管理效率的低下反映了中国制造企业的"通病"。尽管中国企业十分关注降低制造成本，但注意力却只集中在制造环节本身，很少关注制造环节以外的成本与效率的问题，导致综合运营成本经常处于失控状态。

当时，华为供应链的问题主要表现在以下 5 个方面：

1. 需求管理与预测：由于缺乏有效的预测方法和预测工具，因此销售预测的准确度不高。需求管理的多数精力放在企业内部，缺乏外在的引导，订单进公司前很少有提前的预警信息。

2. 订单履行：流程复杂，使用的 IT 系统又未集成，涉及的部门也很多，导致客户很难了解到自己所订货物进行到何种状态；销售人员在签单时得不到可靠的供货能力信息，预定的发货日期不能与生产计划相结合，无法正确发货，结果失信于顾客。

3. 用户服务：服务工程师获得的信息不足、不及时，比如，工程师收到升级的软件后一个月才能拿到相应的操作手册；没有及时更新的网上设备信息，工程师不知道实际的配置情况，有时要到现场才知道。这些都是供应链上游的问题造成的。

4. 物料的周期时间和可获得性：物料采购周期较长，电子类物料的平均采购周期为 12 ~ 16 周。生产周期也比较长。但是产品的交货期通常较短，平均交货期在 20 ~ 25 天，而且有 30% ~ 40% 急单率；许多客户化产品无标准配置，订单经常欠料装配；产品间通用器件共享性低。

5. MRP II（Manufacturing Resources Planning II，制造资源计划系统 II）运作效率的影响因素：许多未经协调的工程更改单；由于销售预测不准，不能承诺排期与数量；最重要的是，没有可执行的销售和运作计划的流程。

ISC 项目是华为公司业务变革项目中的一个重点项目，该项目的目标是：设计和建立以客户为中心的、成本最低的集成供应链，并通过提高灵活性和快速反应能力来建立竞争优势。

在市场经济中"产品"转化成"商品"的本质是被买卖，即被人——客户承认并接受。而 IPD 的实质可以归纳为：需有所研、研可生产、产可成销、销有所得。ISC 的实质在于解决：需有所供、急有所供、缓可化险、合作共赢。这充分抓住了现代市场经济"快变"的特点，同时又抓住了市场经济的本质"人——客户"的需求。市场经济的快变体现在以下几点：1. 市场需求变化快；2. 产品周期越来越短，市场格局定型快，因此往往出现大幅度"浪涌"现象；3. 竞争的激烈使企业的新陈代谢加快。

要适应这些变化，传统管理模式必然受到挑战。我们需要"更快"：更快地了解客户需求；更快地响应客户需求；更快地完成产品向商品的转化并更好地保障整个流程的通畅，这就是 IPD、ISC。

ISC 流程的概念就是，企业之间的竞争其实也是供应链之间的竞争。ISC 要求把公司运作的每个环节都看成是供应链上的一部分，不管是在公司内部，还是在公司以外的合作伙伴那里，都需要对每个环节进行有效管理，以提高供应链运作效率和经济效益。

ISC 管理的原则是通过对供应链中的信息流、物流和资金流进行设计、规划和控制，保证实现供应链的两个关键目标：提高客户的满意度，降低供应链的总成本。ISC 不仅仅是一种物质的供应链，还是集财务、信息和管理模式于一体，任正非曾经说：集成供应链解决了，公司的管理问题基本上就全部解决了。

实际上，华为请 IBM 带给自己的 ISC，所指的不是传统意义上的采购环节，而是包括了从采购、库存管理、生产制造，一直到产品交付与售后服务的所有业务环节。

华为人力资源部前副总裁吴建国在其文章中写道：华为 ISC 变革采取先完成采购和库存、运输、订单履行等内部环节，再建设和优化 ERP（Enterprise Resource Planning，企业资源计划）系统，最后再发展电子商务的顺序。从变革的难度来说，ISC 重整对华为的挑战要大于 IPD 等其他变革，主要基于 3 个方面的原因：

1. ISC 变革的覆盖范围更广，它既包括公司内部的销售、采购、制造、物流和客户服务等多个业务系统，同时还包括企业外部的客户和供应商。因此，任何一个环节的问题，都会影响整个 ISC 链条运作绩效的改进。

2. 供应链管理在相当大的程度上要依赖于企业 ERP、MRP II 的实施和改进水平。

3. 虽然当时全球范围内 ISC 的实践开展得如火如荼，但是不同市场环境下的供应链管理模型差别很大。与 IPD 在 IBM 已经成功实施多年的成熟度相比，IBM 自己也还正在实施自己的 ISC 项目，所以华为没有现成可以学习的模板，只能在供应链理念的指导下，以华为以及客户的现实为起点摸索着开展。

华为的集成供应链流程改革期间，华为把集成供应链主流程分为 49 个子流程，179 个孙流程，又制定了 3 大类 4 大项 29 项考核指标。经过管理改进与变革，以及以客户需求驱动的开发流程和供应链流程的实施，华为具备了符合客户利益的差异化竞争优势，进一步巩固了它在业界的核心竞争力。

华为还进行了结构性重组，按地区横向划分为 8 个分区，分别设立地区总裁和横向管理系统，一切按国际标准运作。

ISC 的改进是一个循序渐进的过程。ISC 项目的目标首先是要建立完善的内部供应链的运作流程，建立起支持供应链运作的组织体系和 IT 体系，形成内部集成供应链并开始建立起良好的外部关系（主要是供应商平台）。

值得指出的是，ISC 的设计和推行不是顾问团和项目组闭门造车的过程，随着项目的深入，需要各业务环节的直接参与，参与程度的高低与项目成功与否有直接的关系。项目本身是有限的，而供应链的持续改善是无限的。这一点，华为的员工不仅清楚地知道，而且也做好了充分的准备，不仅要积极参与，更要全身心投入贡献自己的智慧。

ISC 为华为的未来 10 年打下了基础。但问题是，其供应链基础设施是围绕高利润、高成本并快速响应的通信设备构建，在过去 10 年，由于华为业务的多元化，从通信设备发展到终端和芯片业务，以及企业服务业务，这种单一的供应链难以适应不同业务的需求，比如低利润、低成本的手机业务，以及非典型制造业的芯片业务，就不适应。而为适应这些新业务所做的种种定制，只是给供应链打上种种补丁，让整个流程和系统更复杂、更低效。这就是华为的供应链面临的问题。华为在这些年一直试图改进，比如对端对端的流程改进（还没有结束），就是这种种努力中的一部分。

2014 年，华为确定了"满足客户要求，超越客户期望，实现持续改进，支撑商业成功，努力成为行业标杆"的供应链可持续发展目标，以及"系统预防、主动管理、内外部（客户、供应商和行业）高效协同和持续改进"的总体策略,把可持续发展要求融入采购全流程中,包括供应商认证、选择、评估、绩效管理、采购履行、供应商退出等。

第5节　只向一个顾问学习

1997 年底，任正非到美国参观考察，其间他访问了美国休斯公司、IBM 公司、贝尔实验室和惠普公司。在这 4 家企业中，任正非从 IBM 身上受到的震撼和启发最大。

1993 年，51 岁的郭士纳（Lou Gerstner）临危受命接管 IBM，当时 IBM 累计亏损高达 160 亿美元，美国许多媒体称："IBM 一只脚已经迈进了坟墓。"但经过几年艰苦卓绝的改革，IBM 终于起死回生，郭士纳创造了一个奇迹。1998 年初，任正非在其文章《我们向美国人民学习什么》中写道：

> IBM 作为巨无霸一直处在优越的产业地位，由于个人电脑及网络技术的发展，严重打击了它赖以生存的大型机市场。（20 世纪）80 年代初期，IBM 处在盈利的顶峰，股票市值超过西德股票之和，也成为世界上有史以来盈利最大的公司。经过 13 年后，它发现自己危机重重，才痛下决心，实行改革，在 1992 年开始大裁员，从 41 万人裁到现在的 26 万人，付出了 80 亿美元的行政改革费用。由于长期处于胜利状态，造成

的冗员、官僚主义，使改革困难重重。聪明人十分多，主意十分多，产品线又多又长，集中不了投资优势。又以年度作计划，反应速度不快。管理的混乱，几乎令 IBM 解体。

1993 年初，当郭士纳以首位非 IBM 内部晋升的人士出任 IBM 总裁时，提出了 4 项主张：1. 保持技术领先；2. 以客户的价值观为导向，按对象组建营销部门。针对不同行业提供全套解决方案；3. 强化服务，追求客户满意度；4. 集中精力在网络类电子商务产品上发挥 IBM 的规模优势。

历时 5 年，IBM 裁减了 15 万名职工（其中因裁员方法的不当，也裁走了不少优秀的人才）。销售额增长了 100 亿美元，达 750 亿美元，股票市值增长了 4 倍。

参观 IBM 给任正非留下的最深刻的印象就是，像 IBM 这样的大企业虽然管理制度规范但是同时也不失灵活。而这正是面对已经进入高速发展阶段、其规模扩张速度开始超越自身把握能力的华为最希望寻求的答案。为了世界级企业的梦想，为了华为更快地发展，他决定向 IBM 学习，进行改革。

从美国回来之后，任正非大篇幅讲述了访问 IBM 的经历和由此而来的体会：

我们在 IBM 整整听了一天的管理介绍，对它的管理模型十分欣赏，对项目从预研到寿命终结的投资评审、综合管理、结构性项目开发、决策模型、筛选管道、异步开发、部门交叉职能分组、经理角色、资源流程管理、评分模型……从早上一直听到傍晚，我身体不好，但不觉得累，听得津津有味。后来我发现朗讯也是这么管理的，都源自美国哈佛大学等著名大学的一些管理著述。

听了一天的管理介绍，我们对IBM这样的大公司，管理制度的规范、灵活、响应速度不慢有了新的认识。对这样一个庞然大物的有效管理有了了解。对我们的成长少走弯路，有了新的启发。华为的官僚化虽还不重，但是苗头已经不少。企业缩小规模就会失去竞争力，扩大规模，不能有效管理，又面临死亡，管理是内部因素，是可以努力的。规模小，面对的都是外部因素，是客观规律，是难以以人的意志为转移的，它必然抗不住风暴。因此，我们只有加强管理与服务，在这条不归路上，才有生存的基础。这就是华为要走规模化、搞活内部动力机制、加强管理与服务的战略出发点。

在扩张的过程中，管理不善也是非常严重的问题，任正非也一直想了解世界大公司是如何管理的，而IBM给了任正非等人真诚的介绍。回到华为后，任正非又在高层进行了两天的传达与研讨，激起了新的改革火花。

对于很多中国企业来说，IBM是学习的榜样。对于任正非来说，学习IBM似乎是走向规范化、职业化和国际化管理的必由之路。

《我们向美国人民学习什么》一文，任正非为华为定下了义无反顾师从IBM的管理变革目标。在这场此后被任正非定义为"革自己的命"的管理转型之路中，任正非运用其强大的个人感召力和影响力，力排众议，定下了"削足适履"，以及"先僵化，后优化，再固化"的目标进程，从 IBM 引进代表美国先进流程和管理模式的集成产品开发（IPD）及集成供应链管理（ISC）体系，以建立一种与世界对话的"语言"。

从 IBM 的经历当中，任正非显然已经看到华为未来所需要面对的挑战和必需的前进路径。在学习 IBM 的管理经验时，任正非特别强调：

> 世界上还有非常多好的管理，但是我们不能什么都学，那样的结果只能是一个白痴。因为这个往这边管，那个往那边管，综合起来就抵消为零。所以我们只向一个顾问学习，只学习 IBM。
>
> …………
>
> 要学明白 IBM 是怎样做的，学习人家的先进经验，多听取顾问的意见。

基于对先进管理经验的渴求以及对知识的尊重，个人生活一向节俭的任正非对于有助于促进公司管理进步的变革从来都不吝于投入重金。

对于 IBM 这样一位世界级的老师，任正非不吝重金。

IBM 在华为公司推进管理变革的时候，每小时付给 IBM 专家的费用是 300 美金到 680 美金，50 位专家就住在华为公司楼上办公 5 年，你算算华为付了多少钱啊。但是今天我们知道，付出几十亿元推动了华为公司管理的进步是值得的。

而任正非对于 IBM 这位老师的信任和认同也几乎是无以复加的。他甚至对员工说：

> IBM 专家都很敬业、很积极，他们为我们提供了巨大的

帮助,我们是应该感谢的。华为公司如果以后站起来,更不要
忘了这一段历史。

2008 年 2 月,在任正非领导下的华为给为自己做了 10 年管理咨询
的 IBM 咨询师们送行。由于长期密切的并肩作战,在送别现场,华为
一位副总失声痛哭。尽管对 IBM 来说,这只是一个商业咨询项目,但
对华为而言,却意味着脱胎换骨。

第 6 节 变革的阻力：触及灵魂的痛苦

"蓝血十杰"在福特公司构建了强大的财务控制体系，人数最多时达到 14000 人，这使得这家 30 万人的巨型公司在成本控制、绩效管理方面有了相对可靠的监管平台。

从技术角度讲，"蓝血十杰"在新产品开发方面是外行，我们通常认为他们对资产负债表要比产品蓝图在行，对生产单位成本比设计细节更加清楚。但这些技术外行所具有的理性思维品质，使他们生性对市场预估比对产品的奢华配置和发布会的炒作更感兴趣。

"蓝血十杰"主持开发的"猎鹰"牌小型轿车大获成功的案例，雄辩地说明了客户导向和力求简单的开发策略对于新产品的成功是多么重要。

猎鹰的产品概念最初来自德国大众的"甲壳虫"轿车销售持续增长所引发的关注，一个直接的问题是：到底都是什么人在买甲壳虫轿车？市场调查的结果使底特律那些持固有成见的高管大吃一惊，买甲壳虫车的不是所谓缺乏品位的低收入群体，而主要是律师、医生、大学教授。这意味着汽车产业中存在一个尚未开发的新市场。

在随后的 4 年中，"蓝血十杰"又让福特事业部的设计师们进行了

14 次市场调研，访问了成千上万的美国民众，向他们询问对汽车从气缸数目、车身长度、乘客人数到耗油量的意见。从而，不是凭直觉而是根据所得到的事实做出了新车的关键参数决策。结果猎鹰推出后一炮而红，成为当年最畅销的车款。而与之形成鲜明对照的是号称凝聚了底特律汽车人梦想开发出的"艾德瑟"牌轿车，却总共亏损了 2.5 亿美元，成为当时美国汽车产业有史以来最惨重的失败。

这就是华为需要向"蓝血十杰"学习的原因。要学习他们对数据和事实近乎宗教崇拜的科学精神，学习他们从点滴做起建立现代企业管理体系大厦的职业精神，学习他们敬重市场法则在缜密的调查研究基础上进行决策的理性主义。

西方公司自科学管理运动以来，历经百年锤炼出的现代企业管理体系，凝聚了无数企业盛衰的经验教训，是人类智慧的结晶，是人类的宝贵财富。任正非认为，我们应当用谦虚的态度下大力气把它系统地学过来。只有建立起现代企业管理体系，我们的一切努力才能导向结果，我们的大规模产品创新才能导向商业成功，我们的经验和知识才得以积累和传承，我们才能真正实现站在巨人肩膀上的进步。

> 管理是世界级企业永恒的主题，也是永恒的难题，华为在第二次创业中更加不可避免。世界上最难的改革是革自己的命，触及自己的灵魂是最痛苦的。

1998 年 8 月，任正非在《华为人报》上发表了题为《不做昙花一现的英雄》的文章，他在文章中如是说。

从 1998 年 8 月，IBM 全球服务部负责的 IT 战略与规划项目启动后，

50 位 IBM 顾问在华为一待就是 5 年，按照人均年顾问费 20 万美元计算，仅顾问费一项华为就支出 5000 万美元。此外，华为还专门成立了一个配合 IBM 项目组的管理工程部，也有 300 多人。内部人士的估计是，整个变革项目的费用达几十亿元。其间，华为的平均营业收入大概是 200 亿元，而且还经历了 2002 年营业收入下滑的"华为的冬天"。

与人们对这个变革项目的抗拒而产生的心理成本相比，财务上的成本其实还是次要的。花大价钱请的顾问来了，做导入培训的时候，华为的管理层有趴在桌子上睡觉的，有迟到早退的，有质问顾问这个东西是否适合中国的情况、华为的情况的，也有直接告诉顾问，华为的流程比 IBM 还要先进的。好比一条航行了一半的木筏，为了抵御风浪，要在行进的同时改造成一条大船，任正非自入险境，面临的是一场凶多吉少的恶战。

一些人针对国际先进的管理技术，提出了这样的观点："根据中国国情，根据实际情况，进行改造，有选择地应用。"还有一些人会质疑"美国鞋"是否适合华为，甚至有一些"自负"的华为人认为华为现有流程还要优于 IBM 的管理流程，根本不需要改革。一位员工问任正非："我们请了一些外国专家，在合作过程中我们内心有许多矛盾，为什么要尽听他们的？我们应该向外国专家学一些什么东西？"

由于 IPD 牵涉的面很广，华为规模大、产品线宽、系统复杂、技术含量高，刚一开始 IPD 在华为的实施是十分艰难的。

自古以来，任何变革都会遭到各种各样的阻力。变革一定会触及一部分人的利益，戳痛个别人。这些人在变革的时候，自然会千方百计地找出理由，坚持不懈抵触，越民主，越容易形成重重阻力，最后导致新管理的流产。这是一切软弱的改革者的软肋。要想获得变革的最终胜利，变革的领导者就必须能够正确机敏地应对和顶住来自各方的压力和困难，针对企业实际制定合适的变革策略。

而作为一个非凡的企业领袖，他那让人惊叹的沟通能力在这种关键时刻往往大放异彩。任正非说：

> 我认为小孩要先学会走路再去学跑，现在我们还是幼稚的，多向人家学一学，等你真正学透了以后，你就可以有思维了。先形式后实质，也是我们公司向外面学习的一个重要原则。我们在向 IBM 学习，比如学 IPD（集成产品开发）的过程中，从各部门调来一些人，开始也在批判 IBM，我将他们全部都赶走了。我们就是要好好向人家学，他就是老师，学明白了再提意见……向人家学习也确实是痛苦的，华为公司就是在"左"和"右"的过程中走出来的。

一些华为人的过分自信甚至引发了任正非的怒火，他在内部员工交流会上给出了严厉的批评：

> 我们坚决反对搞中国版的管理、华为特色的管理。所谓管理创新，在现阶段就是要去消化西方成熟的管理。IBM 是一个有 80 多年悠久历史的公司，而华为还处在一个学生娃、课本式的幼稚管理阶段。我们一直摸着石头过河，但我们不希望掉到河里去。
>
> 我最痛恨"聪明人"，认为自己多读了两本书就了不起，有些人还不了解业务流程是什么就去开流程处方，结果流程七

疮八孔地老出问题。你们一定要明白 IBM 是怎么做的，学习
人家的先进经验。我们通过培训、考试上岗，即使他认为自己
比 IBM 还要厉害，不能通过考试也要下岗。

1997 年，管理变革发起之时，30% 市场主管离开原有岗位，其他部
门的人事冲击几乎形成风暴。在 IPD 和 ISC 实施最为深入、投入也最大
的 2002 年，受当时 IT 业衰退的影响，华为当年还出现了创业以来的首度
业绩滑坡，销售额下降了 17%，利润和成本都受到了挤压；更雪上加霜
的是，受公司业绩增长压力以及流程变革带来的阵痛影响，2001 ~ 2002
年，有为数众多不适应新的管理流程的核心研发团队相继离职，企业内
部人心惶惶，连任正非也一度患上了抑郁症而痛苦不堪。

变革除了动摇了原有人事的能力和职位评估，更冲击到了原有研
发技术核心人员的理念，过往研发策略和方向更依赖个人和资金，而
新 IPD 流程更强调决策的流程化和组织化，强调研发为市场所主导。在
IPD 流程推行日益深入的 2001 年前后，何庭波所在的软件及芯片部门
中，不少人被迫削足适履，个人英雄情结向流程和组织妥协，有 30%
左右的核心研发人员离开了华为。而任正非在非公开场合也谈到过，这
场持续而作风强硬的管理变革的代价是，让当时大概 2000 名管理干部
走人。

2001 年 4 月，任正非在其文章《北国之春》上写道：

推行 IT 的障碍，主要来自公司内部，来自高中级干部因
电子流管理，权力丧失的失落。我们是否正确认识了公司的生
死存亡必须来自管理体系的进步？这种进步就是快速、正确，

端对端，点对点，去除了许多中间环节。面临大批的高中级干部随 IT 的推行而下岗，我们是否做好了准备？为了保住帽子与权杖，是否可以不推行电子商务？这关键是，我们得说服我们的竞争对手也不要上，大家都手工劳动。我看是做不到的。沉舟侧畔千帆过，我们不前进必定死路一条。

…………

危机的到来是不知不觉的，我认为所有的员工都不能站在自己的角度、立场想问题。如果说你们没有宽广的胸怀，就不可能正确对待变革。如果你不能正确对待变革，抵制变革，公司就会死亡。在这个过程中，大家一方面要努力地提升自己，一方面要与同志们团结好，提高组织效率，并把自己的好干部送到别的部门去，使自己部下有提升的机会。你减少了编制，避免了裁员、压缩。在改革过程中，很多变革总会触动某些员工的一些利益，希望大家不要发牢骚，说怪话，特别是我们的干部要自律，不要传播小道消息。

但是，即使市场环境出现了严重的困难，公司内部面临着巨大的压力，2002 年任正非在华为固网产品线骨干交流会上的讲话再一次表达了自己对管理变革的决心：

推行 IPD、ISC 给我们带来一些困难，有时候也会动摇我们的信心，但我们还是要搞。我们认为坚持一下就是胜利，这样就和别的公司拉开差距。有人说，人家不搞 IPD、ISC 也照样好好的。但我们也看到，他们没有一样比我们做得更好。因此说，IPD、ISC还是可以让我们做更大的市场。有人也埋怨，我们的效率低了，但大家有没有发现，我们最近这几年，大家的工资涨了一点，工作量却降了一点？这不说明效率提高了？因此，IPD、ISC还是有好处的，我们还是要坚定不移地把变革进行到底。

事实证明，任正非这种"誓将管理变革进行到底"的眼界和魄力不仅推动华为完成了一次史无前例的蜕变，而且从根本上奠定了华为成为一家国际化公司的基础。

第 7 节　先僵化，后优化，再固化

摩托罗拉中国区总裁高瑞彬曾经判断华为依靠"小米加步枪"的竞争优势不可能维持下去。让华为人自己津津乐道的快速反应——哪里出问题就第一时间赶到现场并想办法解决的情况，在跨国公司看来却是企业管理和制造不规范的体现。"改来改去，各地的版本差异越来越大，将来设备升级的时候可能一团糟。现在华为反应迅速是因为接触面小，将来在全球市场发展，现在的这套适合中国情况的机制，还能保证华为同样反应迅速吗？"

任正非以高昂的学费请入 IBM，就是为了解决这个问题。在企业发展势头极好，一切看起来正昂首阔步走在正轨上的时候，让一群穿着背心短裤和"片儿鞋"跑得飞快的"土狼"穿上西装革履迈起整齐划一的步子，是一件让人憋气的事。任正非强大的个人意志力在这件事上发挥了极大的作用，他几乎是用一种不分青红皂白的命令方式将管理变革强推下去。

任正非下定决心削足适履，提出了著名的管理学习"三化论"：先僵化，后优化，再固化。这是任正非一个著名的管理改革理论，是在华为引进国际化管理运作体系时提出的改革要求，即先僵化接受，后优化

改良，再固化运用。

这也就是说，华为先是让员工在第一阶段"被动""全面"地接受这一套新的运行方式，等公司对整个系统的运行有了比较深刻的认知之后，再对其进行调整优化，最后自然也就能形成一套特有的华为自己的运行方式。

顶着这么大的压力，冒这么大的风险，因为任正非知道，员工主观能动性、团队合作精神、艰苦奋斗精神，也就是外界津津乐道的所谓华为"狼性文化"，并不能包打天下。

任正非感慨，中国的问题是中国人"太聪明"，无法用制度、流程、系统把这种个体的"聪明"规范起来。其实，中国的问题同样可以说是因为中国人"太勤劳"，同样无法把这种个体的"勤劳"规范起来。《华为的世界》披露一个让人深思的细节：1996 年的时候，华为人几乎天天加班，但企业的人均销售收入才 57 万元；到了 2005 年，完成流程变革项目的两年之后，加班现象越来越少，人均销售收入却接近 150 万元。华为终于走出了一条不靠个体的"聪明""勤劳"来生存的新路子。

只可惜，中国企业界，能在任正非这个层次上认识到西方管理的价值，放下身段向西方企业学习，从而让自己的企业与国际接轨，从容地走向世界，像华为一样成为"世界的华为"的人实在太少。

任正非曾表示：

> 华为没那么伟大，华为的成功也没什么秘密！华为为什么成功，华为就是最典型的阿甘，阿甘就一个字"傻"。阿甘精神就是目标坚定、专注执着、默默奉献、埋头苦干！华为就

是阿甘，认准方向，朝着目标，傻干、傻付出、傻投入。华为走到今天是华为人的"傻付出"，舍得付出。我们从几百万元做到今天的近 4000 亿元，经历了多少苦难！流了多少辛酸泪！这是华为人用命搏来的。

先僵化

"先僵化"的思想与鲁迅的"拿来主义"颇为相似，鲁迅在文章中提到过"占有，挑选"。"占有"，即"不管三七二十一，'拿来'！""没有拿来的，人不能自成为新人；没有拿来的，文艺不能自成为新文艺。"鲁迅提出了他的"拿来主义"。对于企业来讲，道理也是相似的。面对国外先进的管理理论，要先占有，之后再挑选。

任正非坚定地在华为推行 IPD，任正非向华为人这样解释道：

> 华为不能盲目地、支离破碎地改动大的流程与程序，华为目前的情况是只明白 IT 这个名词的概念，还不明白 IT 的真正内涵，在没有理解 IT 内涵前，千万不要改进别人的思想。
>
> IPD 关系到公司未来的生存与发展，各级组织、各级部门都要充分认识到它的重要性，通过"削足适履"来穿好"美国鞋"的痛苦，换来的是系统顺畅运行的喜悦。

为了加快华为的国际化步伐，华为宁愿削掉自己的"足"，也要穿上 IBM 公司的"履"，由此亦足见任正非铁腕推行的决心。

任正非表示：

在管理改进和学习西方先进管理方面，我们的方针是"削足适履"，对系统先僵化，后优化，再固化。我们切忌产生中国版本、华为版本的幻想。

…………

5 年之内不许任何改良，不允许适应本地特色，即使不合理也不许动。5 年之后把国际上的系统用惯了，再进行局部改动；至于结构性改动，那是 10 年之后的事情。

…………

我们让大家去穿"美国鞋"，让美国顾问告诉我们"美国鞋"是什么样子。至于到了中国后，鞋是不是可以变一点，只有顾问有权力变，我们没有这个权力。创新一定要在理解的基础上创新。我们要把那些出风头的人从我们变革小组中请出去。

如果还没有在引进的管理方法中进行实践，一上来就民主地让大家进行"优化"，一定会意见不一，因为每个人都有自己的经验，单凭过去的经验来套新的规则，会陷入形而上学。任正非深知这一点。他在一次讲话中说：

华为员工很聪明，容易形成很多思想和见解，认识不统一，就容易分散精力。

2005 年 4 月 28 日，任正非在作《华为公司的核心价值观》的专题报告时说道：

引进世界领先企业的先进管理体系，坚持"先僵化，后优化，再固化"的原则，坚持"小改进，大奖励；大建议，只鼓励"的原则，持续地推行管理变革。我们一定要真正理解人家上百年积累的经验，一定要先搞明白人家的整体管理框架，为什么是这样的体系。刚才知道一点点，就发表议论，其实就是干扰了向别人学习。曾经有一个伟大的企业家说过他成功的经验，就是聆听。我们公司许多有小聪明的人，常哗众取宠，一知半解就提些意见，我们把他们赶出了变革管理小组，我们用 7～8 年时间听 IBM 顾问怎么说，成功地引进了他们的先进管理。"小改进，大奖励；大建议，只鼓励"其实就是反对那些空头的建议，没有本职的实践经验，没有很深的学习内涵，怎么可能提得出真正的大建议呢，是不可能的。因此，我们强调员工要做实。同时，我们有一个《管理优化报》，是可以自由地发表你的意见的，因此，组织上是不听取员工大建议的。整个组织行为是引导做实的。

坚持改进、改良和改善，反对大刀阔斧，反对急躁冒进，因为牵一发而动全身，随意的改进就是高成本。提倡循序渐进，提倡继承与发扬，提倡改良。任何一个新的主管上任的时候，他不能大幅度地推翻前任的管理，他的变革超过一定的限度时，他会被弹劾。我们对企业创新进行有效管理，坚持持续地提高人均效益，构建高绩效的企业文化。

后优化

任正非认为西方的管理并不完全适合中国企业的实情，在引进西方管理的时候，要进行一定的改进。

要学习别人先进的经营管理模式和技术，首要的问题就是削弱甚至取消原来特色鲜明的"传统文化"的宣传，脱掉"草鞋"，换上"美国鞋""德国鞋"，将华为文化中的核心部分归结为符合职业化需要的普遍性商业文化，如责任、敬业、创新等。这就涉及如何做到批判地继承的问题。

华为引进美国 HAY 公司的薪酬和绩效管理方法就是一个比较典型的"美国鞋"。任正非说道：

> 我们引入美国 HAY 公司的薪酬和绩效管理的目的，就是因为我们看到沿用过去的办法，尽管眼前还活着，但是不能保证我们今后继续活下去。现在我们需要脱下草鞋，换上一双美国的鞋，但穿新鞋走老路照样不行。换鞋以后，我们要走的是世界上领先企业走过的路。这些企业已经活了很长时间，它们走过的路被证明是一条企业生存之路，这就是我们先僵化和机械引入 HAY 系统的唯一理由，换句话讲，因为我们要活下去。

华为总裁任正非认为，华为必须全面、充分、真实地理解 HAY 公司提供的西方公司的薪酬思想，而不是简单机械地引进片面、支离破碎的东西。

但同时，任正非指出，向西方学习，引进西方的管理理念并非一味地照搬，他始终提倡的是一种改良，对于来自美国 HAY 公司的成功管理方法当然也不例外。

> 当我们的人力资源管理系统规范了，公司成熟稳定之后，我们就会打破 HAY 公司的体系，进行创新。我们那时将引入一批"胸怀大志，一贫如洗"的优秀人才，他们不会安于现状，不会受旧规范的约束，从而促使我们的人力资源管理体系再次裂变，促进企业的再次增长。
>
> …………
>
> 此外，管理既要走向规范化，又要创新，又要对创新进行管理，形成相互推动和制约机制。

管理本土化的实质既是民族化，又是国际化，适当的本土化是全球化的特征，它是一个动态的过程。

在全球经济产业趋于一体化的过程中，本土企业越来越多地加入了国际竞争，为了提高竞争能力，一场轰轰烈烈的"洋务运动"又开始了。但是，"外来的和尚"都会念经吗？"远方的客人"都能入乡随俗吗？我们的企业都需要"洋文凭"吗？每一种管理方法和工具都有其产生的特定环境和背景，在被应用到另外的领域和环境时，应用者就要根据面临的实际情况作相应的调整，进而形成有自身特色的属于自己企业的一种方法、理论甚至文化。

2009 年 4 月 24 日，任正非在华为运作与交付体系奋斗表彰大会上讲道：

西方的职业化，是从 100 多年的市场变革中总结出来的，它这样做最有效率。穿上西装，打上领带，并非是为了好看。我们学习它，并非是完全僵化的照搬，难道穿上中山装就不行？我们 20 年来，有自己成功的东西，我们要善于总结出来，我们为什么成功，以后怎样持续成功，再将这些管理哲学的理念，用西方的方法规范，使之标准化、基线化，有利于广为传播与掌握并善用之，培养各级干部，适应工作。只有这样我们才不是一个僵化的西方样板，而是一个有活的灵魂的管理有效的企业。看西方在中国的企业成功的不多，就是照搬了西方的管理，而水土不服。一个企业活的灵魂，就是坚持因地制宜、实事求是。这两条要领的表示，就是不断提升效率。

成功引进后，再打破，再创新出自己的体系。这才是任正非要换上"美国鞋"的最终目的。而且这个过程其实一直在华为持续进行，其管理的进步就是依靠不断改革来实现的。

再固化

在任正非强力推动下，集成产品开发项目开始运行起来了。2003 年上半年，数十位 IBM 专家撤离华为，标志着业务变革项目暂告一个段落。此次业务流程变革历时 5 年，涉及公司价值链的各个环节，是华为有史以来进行的影响最为广泛、深远的一次管理变革。随着华为公司规模的日益庞大和市场的日益扩张，IPD 系统的重要性日益凸现出来。

任正非为华为打造了一个 IT 支撑、经过流程重整、集中控制和分层管理相结合、快速响应客户需求的管理体制。使华为能够与世界顶级的电信运营商用统一的语言进行沟通，为进入国际化奠定了基础。

任正非指出，创新应该是有阶段性的和受约束的。表面上看来，公司的运作特点是重变，重创新，但实质上应该是重固化和规范。固化就是例行化（制度化、程序化）、规范化（模板化、标准化），固化阶段是管理进步的重要一环。

1. 例行化

管理就是不断把例外事项变为例行事项的过程。将已经有规定，或者已经成为惯例的东西，尽快在流程上高速通过去，并使还没有规定和没有列入管理的东西有效地成为规定和惯例。

2. 规范化

规范化的具体手段之一是模板化、标准化，这是所有员工快速管理进步的法宝。任正非指出，规范化管理的要领是工作模板化，就是把所有的标准工作做成标准的模板，就按模板来做。

这套被任正非称为"削足适履"的机制变革，在经历阵痛之后，其正面效应开始快速显现。"我们很快建立一套可以与国际客户，以及同行对接的'语言'（理念及行事方式）。"华为一位核心老研发员工说。这也是华为创业 20 多年，即可与欧美百年老店抗衡的根本原因。

著名管理专家王育琨在其著作《企业家的梦想与痴醉：强者》中这样写道：管理西化，是华为在全球化进程中不得不过的一道门槛。你可以有很好的广告、很前卫的展示、很好的个人交流，但是国际厂商更重视你的内功。2005 年，华为终于挤进 BT（英国电信）21 世纪网络供货商短名单，看上去好像比试的是技术和产品的性价比，而实际上考量的却是质量保证体系。

华为人刚开始接触英国电信时经常遭到冷遇，因为英国人不相信中国人能制造出高质量的交换机。那时华为甚至连参加招标的机会都没有。后来，华为人终于知道了 BT 的规矩：要参加投标必须先经过他们的认证，他们的招标对象都是自己掌握的短名单里的成员。2002 年开始，华为请英国 BT 对其管理体系进行认证，做了 2 年，2004 年英国才把华为列入他们的可以参与角逐的短名单中。他们来华为考核时，技术并非是首先要考虑的，而管理体系、质量控制体系、环境体系等才是最重要的，要保障华为对客户交付的产品的可预测性和可复制性。BT 的考核还包括对华为合作伙伴的运营和信用的考核，对华为的供应商的资信审核，甚至还包括对华为的人权（诸如华为给员工提供的食堂、宿舍等生活条件，对华为的供应商为员工提供的条件也予以关注）状况的考核。最终华为在总共 5 项指标中获得了 4 个 A 和 1 个 A^-。

这段经历，让任正非深刻领会到，企业组织的可复制能力与可预测性，体现在一系列流程和内外环境中的模式化力量，已经成为现代规模管理的基础，华为必须跨越这个门槛。

延伸阅读

华为如何在客户 KDDI 的倒逼下成长

KDDI 是日本经营之神稻盛和夫创办的世界 500 强之一的电信运营商，它体现了日本企业对品质的要求，也体现了华为作为乙方在发达国家获得客户的挑战，不久的将来本土的企业也将在各行各业面临类似的挑战，该真实案例将会带我们体会"以客户为中心"和"自我批判"价值观在商业上如何发挥巨大的作用。

2008 年 7 月，KDDI 对我公司生产现场进行了第一次审核。当时我们认为审核应该很容易过，BT 和 VODAFONE 都认证通过了，ISO9000、TL9000、ISO14000、OHSAS18000 等证书拿了一大把，不会有问题。

福田先生，是那次 KDDI 审核的主审员，他随身携带三大法宝（手电筒、放大镜、照相机）和白手套，他检查的细致程度和严谨性让我们觉得不可理喻：白手套用来抹灰尘，放大镜用来看焊点的质量，手电筒用来照设备和料箱的灰尘，照相机用来拍实物图片。每个华为人看他这样检查灰尘和 ESD（静电释放），都觉得太恐怖了！

在审核中，福田说我们 ESD 这么做不好，我们的工程师马上解释说 ESD 我们是通过国际认证的，福田说，不行，你按照 KDDI 的标准来做。福田说我们单板上的焊点不饱满，不美观，我们的工程师马上解释说，我们达到 PCBA 外观检验的国际标准了。福田说，不行，你按照 KDDI 的标准来做。

第一次审核完毕，福田非常生气地丢下 93 个不合格项回了日本，并且传回来话说："华为质量水平不行，而且华为工程师太骄傲，不够谦逊。"其他的 KDDI 专家也对华为太过乐观的态度提出了质疑和批评，告诫我们不要做"井底之蛙"。

福田丢下了 93 个问题，大家的第一反应是震惊，第二反应是争论，有人说，我们在质量方面已经做得很不错了，行业规范我们早已达到了，福田这是吹毛求疵。那段时间华为各部门都很难接受这个结果，每天晚上都讨论到 12 点，讨论福田提出的问题和批评，争论不休。

确实，这 93 个问题，涉及厂房环境温湿度控制、无尘管理、设备 ESD 防护、周转工具清洁、印锡质量、外观检验标准、老化规范等，每一个问题都有非常高的要求，且很多地方远远超出行业标准。后来我们还通过相关渠道向摩托罗拉打听，摩托罗拉也没有通过整个认证。摩托罗拉说，如果你们要是通过了这个认证，其他公司的认证你们都能通过。

最后，公司领导经过讨论，认为客户是真诚、认真的，不然不会检查这么细。华为也要有开放的心态，我们在质量上要有更高的进取心，要迎难而上，不能退缩，不能放弃，我们要更上一层楼。

接下来的 4 个月时间，我们抛开分歧和异议，以 KDDI 的要求为标准，以客户的眼光来改进现场，投入很大资源对设备、现场进行了优化改造，准备迎接第二次审核。但说老实话，虽然我们经过了精心准备，4 个月后我们仍觉得自己离 KDDI 的高要求可能还有差距。

第二次审核是在 2008 年的 12 月，市场部和日本代表处费了九牛二虎之力才把福田等人请来，因为福田不愿意来，说上次我们的工程师太喜欢争论文件条文和标准，封闭和自满。

这次审核中，大家的心确实都是悬着的，审核过程中如履薄冰，如坐针毡。审核完毕，福田先生列出问题项 57 个。但华为人很高兴，因为审核的结果是通过！并且福田先生说："这次做得不错，其中 ESD 改善得很好。IQC（来料质量控制）部门在所有区域中做得最好，只有 9 个问题，有些做了 10 多年的公司审核问题都不下 30 条。装配部门做得不是很好，指导书还需要再完善下才能更上一个台阶。大家以后再接再厉！"

2009 年 10 月，KDDI 给了我们第一份合同，但它对我们并未完全信任。在 2009 年 11 月 16 ~ 23 日，KDDI 第三次来到华为，派出 8 名专家在华为现场蹲点，在生产线上全过程看我们是怎么做产品的，产品从原材料分料到成品最后装箱，KDDI 的专家都要亲眼看到、检查过才放心。这为期 8 天的光网络 OSN1800 生产全过程厂验，对华为来说是第一次，从员工到高层主管，大家都在现场，一丝不苟，全程投入，用真诚和努力感动了客户，使客户终于对华为产生了信任感。最后，虽然 KDDI 提出问题点及建议共 24 个，但对华为生产过程质量控制系统很认可，对我们的工作表示很满意。

之前只是听说过日本企业的要求是多么的高，没有亲身体验过。但这 3 次 KDDI 审核，让我切实感受到了。高标准、严要求的客户是在帮助我们进步。同时也证明：固步自封、孤芳自赏是没有用的，只有开放进取，我们才有机会。

（本文摘编自《与 KDDI 的三次"握手"——高标准、严要求是客户在帮助我们进步》，作者：潘晓军、吴正刚，来源：《华为人》，2010）

第 **7** 章

以客户为中心的
服务策略

CHAPTER 7

华为设立了专门的客户需求研究部门，在全球各地，与客户交流，倾听客户的声音，将客户的需求反馈到研发部门，形成产品发展的路标，开发出满足客户需求的优质产品。

——任正非

第 1 节　给客户展示未来

2012 年，任正非在华为品牌战略与宣传务虚会上这样指出：

> 我们讲战略宣传要以客户为中心，就要真正搞清楚客户的痛点在哪里，我们怎么帮客户解决他们的实际问题。这次巴展（巴塞罗那世界移动通信大会）我去看了爱立信的展台，爱立信只给客户讲客户的痛点，他们的咨询专家在客户来之前已研究过了要对客户讲哪一点，就把这一点给客户讲透，讲完了你愿意继续看就自己看。我们现在的展厅展览像接待小学生一样，让每个人都从头到尾看一遍，对每个人都从头讲起……我们整个展览系统不是以咨询专家的身份出现，我们是以讲解员的身份出现。我们要直接切入、深层次地揭示客户的痛点是什么，然后讲我们的解决方案是什么。

任正非认为，应该给客户展示未来，不展示历史。"客户天天跟我们打交道，早就对我们很了解了，为什么还要叫客户复习一遍呢？客户只是不知道未来会是什么样子，我们也不知道客户的未来是什么样子。

在苹果公司推出（苹果手机）之前，大家根本想不到移动互联网会大大地超过固定互联网。所以我们要知道客户到这个地方来他关心什么？人家是来研究人家自己看不到的未来的。"

2016年5月30日，全国科技创新大会召开，任正非代表华为做了汇报发言。在汇报发言中，任正非表示："华为现在的水平尚停留在工程数学、物理算法等工程科学的创新层面，尚未真正进入基础理论研究。随着逐步逼近香农定理、摩尔定律的极限，而对大流量、低时延的理论还未创造出来，华为已感到前途茫茫，找不到方向。华为已前进在迷航中。"

此言一出，满座皆惊。作为中国科技企业的代表，华为都表示自己找不到方向，看不到未来。任正非也给出了药方："坚持科技创新，追求重大创新。"未来几年，华为每年研发经费要提高到100亿～200亿美元。华为的目标是2020年销售收入要超过1500亿美元。也就是说，未来5年，华为的销售收入要突破1万亿元。要知道，阿里巴巴、腾讯、百度三巨头2015年总营收合计尚不足2500亿元。

任正非表示：

> 企业市场未来肯定是有希望的，但是需要一个积累。今天来说，我们能真正大抵搞明白客户需求的就是电信运营商，我们根本就不明白其他客户的需求。我们盲目摆开架势，什么行业都大张旗鼓去做，金融也做，保险也做。我们不懂银行和保险怎么运作，怎么帮人家做解决方案？因此还是要聚焦少数的客户、少数的项目。这样的话，就可以慢慢撕开口子。

第 2 节 成为解决方案供应商

销售人员在推广产品时，是不是也会犯这个错误？在客户面前先介绍产品的功能、优势和性价比等等，忘记了客户为什么要买你的产品？客户买这个产品有什么用，使用场景如何？客户能否感知到产品的价值？

2005 ~ 2010 年，华为商业模式变革期。它不再是简单地卖通信设备，而是提出要做电信解决方案供应商。过去是把竞争对手击倒，这个阶段把对手叫友军，竞争变竞合，整个组织变革面向客户。

以客户为中心，是华为的生存之道。自 2009 年以来，华为已经连续 8 年主办用户大会，累计邀请了 150 多家运营商的 1700 多名客户，涉及 80 多个改进项目。在华为之前，通信同行有些类似的大会和平台，但很少能像华为的用户大会这样，由研发机关人员与客户共同参加，并特别强调对客户问题收集之后形成 TOP 项目，分配项目经理牵头负责这些 TOP 项目，围绕客户诉求进行改进、闭环。

无线产品线刚开始主办用户大会时，曾受到不少质疑。一方面，内部担忧将全球客户聚集在一起提出华为的问题，会让客户在交流之后对华为的印象越来越坏。另一方面，客户曾怀疑华为究竟会不会真正重视他们提出的问题，还是只想"作秀"。

经过努力，华为成功主办了用户大会，针对客户提出的重点问题成立项目组，项目组中有越来越多的客户参与进来，成为华为的"结对客户"，帮助华为明确改进方向，一起改进问题。

2014年，华为和全球最大的管理咨询公司埃森哲签署战略联盟协议，共同面向电信运营商和企业信息与通信技术（ICT）两大市场的客户需求开发并推广创新解决方案。双方还将结合埃森哲"基础设施即服务（Infrastructure-as-a-Service）"的解决方案与华为私有云基础设施方案，为各个行业的企业客户提供预先设计的、集成的私有云解决方案。

印度尼西亚M8项目是华为在海外的第一个融合计费项目，也是通信业界屈指可数的真正的融合计费项目之一。出于对华为的信任，客户把全网搬迁原有计费系统的项目交给了华为，但也提出了在6个月内交付商用的要求，这几乎只有常规期限的一半。

任务如此艰巨，无论是一线工作人员还是总部支持团队，都在工作上和心理上承受着巨大压力。华为前后派四五批研发专家团到现场与客户交流，其中有两次是大规模的，每次都有20多人的专家队伍到场。其根本目的，就是要弄清楚客户的真正需求，诸如：哪些是最重要的需求，哪些是最紧急的需求，哪些是不必要的功能，等等。只有不厌其烦地把这些搞清楚，才能实现最终的优质交付，才能体现出华为一贯坚持的"实现客户梦想"的基本原则。

双方五六个团队封闭在酒店里，白天开会，当夜就要输出会议纪要，并进行相互确认。在此过程中，华为的本地员工发挥了很大作用，他们既是一线工作人员，又担任了翻译和沟通的角色。研发部门也非常卖力，对客户所提出的问题，他们都尽可能地给予现场解答。对于客户提出的要求，他们也会仔细地分类整理：可以做的、必须做的、没必要做的、无法做到的，然后坦诚地与客户进行沟通，直到最终达成一致。

由于准确把握了客户的需求，并突出了重点，确保了进度，该项目最终成功地按期交付客户使用，并受到印度尼西亚合作方极高的评价。

在华为内部所倡导的是一个员工无需天天看自己老板的眼色行事，而是要盯着客户，在盯客户的过程中，达成自己的目标，进而实现自我价值。

"国际大厂比较容易耍大牌，不会愿意配合客户要求去量身定做产品，反正我给你什么就吃什么，美其名曰是教育市场，实际上是怕麻烦。"观察通信产业达 10 年，权威研究机构高德纳咨询公司（Gartner Group）资深分析师杨敬宇说。

杨敬宇指出，一般派四五个工程师到客户端驻点就算是大手笔，华为却可以一口气送上一组 12 人的团队，与客户一起讨论、研发出最适合的产品。若产品出问题，即使地点远在非洲乞力马扎罗火山，华为也是一通电话就立刻派工程师到现场，与客户一起解决问题，不像其他企业为了节省成本，多半用远端视频遥控。

能做到这程度，固然归因于中国有全世界最便宜的优质人力，但能让这群高知识工作者甘心乐意为公司、客户卖命，除了配股分红的激励机制外，也与华为的企业文化有关。

第3节　奋斗的目的通过为客户服务来实现

　　华为没什么背景，也没什么依靠，也没什么资源，唯有努力工作才可能获得机会。努力工作，就要有一个方向，就是为客户服务。因为我们只有一个来源，就是客户。如果我们对客户不好，就挣不到这个钱。所以我们要拿到客户口袋里的钱，又不能用非法手段，又不能抢钱，那我们只能做好服务，只能做好产品。

　　华为的客户来自全球各地，既有欧美发达国家，也有亚非拉等落后贫穷国家。在许多非洲国家，条件要比国内和欧美等国家差很多，被外派到非洲的员工不仅有感染疾病的风险，同时也会遭遇各种战乱和冲突。面对陌生的环境和接连不断的战乱冲突，华为该选择退却还是和客户在一起，华为在利比亚的举动就是最有力的回答。

　　当2011年利比亚战事爆发的时候，许多欧美知名移动设备提供商纷纷在第一时间选择撤离，中国政府也安排专机接送在利比亚的华人华侨，面对这样严峻的人生考验，是选择回到祖国家人身边还是坚守在客户身边，华为不少员工选择了坚守，因为华为员工知道这个时候网络和通信的安全与稳定对于客户是多么的重要，因为华为员工知道这个时候是客户最需要他们的时候。那么既然客户最需要他们，他们唯一能够做的就是留在客户身边，帮助客户确保网络和通信的安全与稳定。当然华为员工也知道这样的选择会伴随着莫大的风险和牺牲，但是为了客户，为了网络的稳定，华为员工用他们的实际行动为我们诠释了什么是"以客户为中心"。这番坚守也赢得了客户的信赖和赞誉，当利比亚战事结束之后，华为在利比亚获得了远远超越竞争对手的移动通信设备订单。

除了在非洲这些战乱频发的国家，当 2011 年日本福岛爆发核危机之后，华为董事长孙亚芳带领华为日本团队不仅没有撤离，反而增派人手，沉着、冷静地参加了抢险，在一天内就协助软银、E-mobile 等客户，抢修了数百个基站。

在利比亚发生战争的时候，其实当时任正非刚离开几天，华为人没有撤退，华为把员工撤到周边国家休整，找了一些心理咨询公司去帮他们做心理辅导，辅导了十几天，很多人经过心理压力测试后状态很好，重返利比亚。当地员工自己分成了两派，一派留在了的黎波里支持网络保障；另一派就去了班加西，各自维护各自地区的网络。中间交火地区的网络，就由华为的中国籍员工维护。维护网络的安全稳定，是华为最大的社会责任。华为不怕牺牲，用实践说明了华为对客户的责任。

日本的大地震、海啸，福岛核泄漏，华为员工背起背包，和难民反方向行动，走向海啸现场、核辐射现场、地震现场，去抢修通信设备，就是体现华为以客户为中心，华为必须要维护客户的利益。维护客户的利益，客户信任你，自然订单就多了。

2014 年国际经济很困难，华为自己的商业生态环境也很差，各国汇率波动十分大。但华为的收入增长 20%，主营业务利润增长了约 17%。而且 2015 年华为的销售收入超过 560 亿美元。

在华为像利比亚和日本福岛的案例还有很多很多，也许这就是文化和信仰的力量。

华为之前在业界素有"二流产品卖出一流市场"的说法，主要指 20 世纪 90 年代早中期华为在既没有技术优势也没有品牌影响力的困境下，如何在市场中寻找出路。面对跨国公司的正规战术（主要指沿用市场营销教科书的理论），华为采用"人海战术"（聘用大量的大学毕业生，进行魔鬼式训练后，投放市场的人员营销）。由于当时客户对"高科技"产品的普遍陌生和不自信，即使在小小的县级城市，华为也会驻扎二三十名服务人员，只要客户一声召唤，无论大事还是小事，立马就可以上门服务。到今天，华为非凡的服务能力和诚恳态度仍是赢得客户信赖的重要砝码。譬如在阿尔及利亚地震时，西门子的业务人员选择了撤离，华为人则选择了坚守。这种"共患难"式的坚守，理所当然地为华为赢得了商业机会。

相反，如果在客户最需要你的时候，你却不在身边，这必然让客户心存对"交易"的警惕。相对于投资巨额资金建设通信工程的大客户来说，个人情感的满足在其价值维度中可能仅占一席之地，大客户更看重设备的性价比和运行的高效率，以及由此带来的竞争优势与市场效益；然而，当强大的竞争对手凭借雄厚的技术实力和品牌影响力攻城略地时，华为通过客户经理个性化的情感营销在大客户当事人心中形成鲜明的竞争特色。

第 4 节 超乎客户期望与承诺

攻克欧洲最后一个堡垒"德国电信（DT）"。DT 2008 年发布了下一代网络 NGF 项目，了解 DT 情况的合作顾问多次告诫华为，项目的所有特性并不需要都满足，特别是一些老特性。如果华为和其他竞技者一样不实现，关键客户会"kiss your feet"。然而，华为本来就是后来者，又不清楚 DT 的内部矛盾，再挑肥拣瘦，凭什么赢得项目？后来的事实证明，完全满足特性需求这招，拖垮了竞争对手，并全面验证了 NGF 的可行性，实现了华为和 DT 的双赢。华为就是靠着这种"笨"办法，凭借人力资源的相对优势，多干"脏"活、"累"活，取得了客户的信任，赢得了战役。某著名咨询公司统计：世界巨头的平均需求满足率在 80% 左右，而华为超过 95%。需求的去伪存真和优先排序，成为"一线呼唤炮火"转型过程中，需要不断优化和解决的关键问题之一。

对于华为来说，它所面临的更多的是运营商（企业）。在一个 B2B（企业对企业）的市场中，服务远不像 B2C（企业对个人）市场上简单的维修和更换就可以满足客户需要那么简单。每一个运营商庞大的网络和动辄百万计的终端客户，使得设备商面对的每个运营商的需求都几乎独特而唯一。不仅如此，每一个运营商想从设备商得到的，不仅仅是设备和服务本身，而是通过这些设备或服务，满足他们的某种需要，从而支撑其自身战略目标、盈利目标等的实现。在这种背景下，如何才能建立设备商服务的优势和价值，建立客户满意度测量标准，打造客户忠诚，成为很多像华为一样的设备商面临的一个问题。

《华为基本法》起草人之一吴春波在其文章《以生存为底线的华为国际化》中分析道："华为在国内市场上的成功，依赖的是客户导向的核心价值观。在国际市场上，要取得成功，也同样必须坚持这一核心价值观。低廉的人力成本，产品或服务的低价策略，并不是进入国际市场的通行证。不可否认，对于没有品牌知名度的中国企业，依靠价格优势，取得局部市场的突破，在进入国际市场的早期不失为一种理智的选择。但是从长期来看，价格优势不能成为中国企业的核心竞争力，因为这种优势本身很脆弱，而且低价策略所受到的打压和限制也越来越多，客户可选择你的产品，但不能认同你的品牌，同样也不能赢得竞争对手的尊重。"

华为设立了专门的客户需求研究部门，在全球各地，与客户交流，倾听客户的声音，将客户的需求反馈到研发部门，形成产品发展的路标，开发出满足客户需求的优质产品。例如在海外市场，他们针对一个国家的不同运营商对同一个产品的需求会有截然相反的情况，引入了标准平台、定制特性的开发模式。

再如早期中国沙漠和农村地区老鼠很多，经常会钻进机柜将电线咬断，客户的网络连接因此中断。当时，在华的跨国企业都对此不屑，认为这不是他们的问题，而是客户的问题，他们认为只需为客户提供技术。而华为却不这么认为，在设备外增加了防鼠网，帮助客户解决了这一问题，华为也认为自己有责任去这么做。得益于这一目标驱动战略，华为在开发耐用设备和材料方面获得了丰富经验，后来也因此在中东地区赢得多个大客户。

华为认为高性价比的产品，加上快速响应客户的需求是华为屡屡获得海外运营商订单的一个主要原因。

在法国 LDCOM 公司（全称 LDCOM NETWORKS，是法国第二大固网运营商，网络规模目前仅次于法国电信）建设 DWDM 国家干线传输网项目中，当时同华为竞争的都是一些国际巨头，但是华为的 DWDM 产品在这个项目的一期建设中就可为 LDCOM 公司节省 35% 的投入，整个工程 4 期建设完工后可节省 50% 的投资，而华为的产品在技术和质量上都不逊色于任何一家竞争对手的产品。这种巨大的优势一下子打动了 LDCOM 公司。

目前，华为有针对性地设计了海外市场的商业模式。为了响应海外个性化的技术需求，华为成立海外需求调研部，并设定了优先满足海外版本的原则；为了响应融资需求，成立了专门的国际融资部；为了满足国际配套采购和 Turnkey（交钥匙）工程，成立了专门的 Turnkey 管理部；为了更快捷地响应国际客户需要，成立了全球技术支援部，并在各大区域设立了区域的培训中心和合资厂。

第 5 节　快速响应客户需求

信息化、全球一体化等企业发展特征，反复告诉我们"速度永远是企业制胜的法宝"。如果说资金与资源是工业社会最重要的竞争要素的话，那么，到了 21 世纪最有效的竞争法则就是：速度制胜。微软创始人比尔·盖茨曾警告微软员工："如果微软不能对市场变化给予快速反应，那么，微软就离倒闭只有 18 个月。"

在海尔，有这么一个广为流传的故事。在一次互动培训课程中，面对 70 多位中高层经理，海尔董事长张瑞敏提出互动培训的主题是"推进流程再造"，并首先出了一个很像"脑筋急转弯"的问题："你们说，如何让石头在水上漂起来？""把石头掏空！"有人喊道，张瑞敏摇摇头。

"把石头放在木板上！"张瑞敏说："没有木板！"

"做一块假石头！"大家哄堂大笑。张瑞敏说："石头是真的。"

此时，海尔集团副总裁喻子达顿悟："是速度！"张瑞敏说："正确！"张瑞敏表示："现在进入互联网时代，互联网时代对企业提出来的挑战就两个字——速度。谁能够以更快的速度满足用户的需求。有人说农业时代解决饥饿，工业征服空间，信息工业征服的是时间，所以对企业来讲时间是制胜的关键，能不能在第一时间满足客户的需求。德鲁克有一句话，互联网消除了距离，这就是它最大的影响。对于企业来讲只能做到和用户的零距离，如果和用户零距离你就赢了。"

商业赛场上，Intel（英特尔）和 AMD（美国超微公司），UPS 国际快递公司和 DHL 国际快递货运公司，甚至谷歌和微软的成功，同样体现了速度对企业成功的重要性。速度之于价值，是创造领先、赢取机会并成就领导者地位。

对运营商来说，技术的快速演进、终端用户需求和竞争环境的动态变化，使得运营商对速度的追求，已经从应对竞争的短期措施上升为企业的长期战略，快速入市——无论是新网络建设、旧网络改造，还是新技术升级，新业务推出——将是运营商未来数年内不变的需求。

华为市场策划与推广部部长郭海卫说道："1999 年，华为成为最先和中国移动一起做神州行预付费业务的企业。当时他们已经提前觉察到这个将要出现的市场，暗自做了技术储备。中国移动一提出需求，华为立刻全力响应。一期工程全国铺了 25 个省市的点，只有华为一家承建。"

因此，服务伙伴快速响应的特质，将成为决定服务是否满足运营商需求的重要标准，而这一特质，伴随着华为的文化，已经融入华为服务的血液中。每时每刻，华为服务的项目团队和工程师们，都在世界各地创造着新的速度纪录：2008 年，华为服务共交付了 24 万站点，平均每10 分钟交付 4.5 个站点。

华为 3G 终端的定制方案胜在一个"快"字。依托华为的核心技术优势和量产优势，通过平台一体化，建立器件共享库，降低运作成本等多种途径，华为能为全球的电信运营商提供更为灵活、个性化的整体解决方案，在响应时间上更为迅速，从而满足运营商降低成本、快速开拓市场的要求。完善的全球服务体系也是保证华为 3G 终端"快"赢市场的关键。截至 2005 年 10 月，华为在国际市场上覆盖了 90 多个国家和地区，全球排名前 50 名的运营商中已有 22 家使用华为的产品和服务。

华为在欧洲很受欢迎。至于欧洲电信运营商为什么选择华为，同样的问题，《人民邮电报》记者不仅询问了英国 Evoxus 公司首席技术官 KenRuncorn、法国 Neuf 公司首席执行官 Michel Paulin，也询问了荷兰 Telfort 首席技术官 Wiel 先生。原先记者认为，他们一定会提到华为的产品价格便宜。因为价格低廉在一段时间内曾经是中国企业打开海外市场的"通行证"。然而令记者惊讶的是，竟然没有一个人提到这一点。Michel Paulin 先生说："他们的技术很好，我多次到华为在中国的总部参观。他们的生产线绝对是世界一流的。更重要的是，他们能够快速做出反应。不管我们提出什么样的需求，他们总是能够在第一时间做出反应。华为的快速反应能力令人惊讶。"

华为负责海外市场的副总裁邓涛认为，与外国企业比，中国企业不仅仅有劣势，同样有非常明显的优势。比如，欧洲企业普遍反应较慢，用户提出一个修改建议，他们往往要 1 年甚至 1 年半才能改进。而中国企业，只要用户有需求，总是能加班加点，快速反应。一个要 1 年才改进，一个只要 1 个月就能改进，优势自然体现出来了。

PCCW（电讯盈科），香港最大的信息通信服务提供商，提供全方位的通信服务包括移动通信、固定电话、宽带，以及 IPTV 等服务。面对复杂的网络覆盖场景带来的业务挑战，PCCW 选择了华为作为其合作伙伴，共同征服这一电信领域的"珠穆朗玛峰"。对此，PCCW 移动公司副总裁表示："更好，更快，这是我们选择合作伙伴最关键的标准。

华为与 PCCW 之间顺畅的沟通，是实现快速网络部署的最重要因素。我们的要求得到了快速且最大价值的回应。"

可以说，华为在国际电信运营商中已经成为一个快速响应的品牌：华为曾用 3 个月的时间为香港的固网运营商和记开发出了号码携带业务，同样的业务，欧洲老牌的设备商此前花了 6 个月尚未完成。华为曾在泰国为 AIS 在 45 天内就完成了智能网的安装、测试和运行工作，这在国外电信设备商看来，一般至少需要半年时间。华为的交付成本和交付效率开始在业界形成良好的口碑。

Gartner（高德纳咨询公司）的一份报告认为，以往华为在国际市场上成功的主要优势仍是低成本和低价格。现在，良好的服务、当地化的组织策略和快速响应的机制，应该成为华为的核心竞争力。

2006 年，华为宣布，为支持马来西亚第十一届全国运动会（SUKMA），华为在一周内部署完成了马来西亚吉打州 13 个体育场馆的网络覆盖。这次马来西亚全国运动会的各项赛事在 13 个体育场馆举行，分布在吉打州的各个主要城市，其中包括马来西亚的旅游胜地兰卡威（Langkawi）岛。在各比赛场馆分布距离远、工程交付时间紧急的情况下，为了支持这一重大赛事的顺利举行，华为的项目团队与马来西亚电信移动公司 Celcom 建立了有效的沟通渠道，快速响应客户需求，一周内提前完成对整个运动会的网络部署，得到 Celcom 的高度认可。

任正非在总结华为在海外取得的成就时说：

> 进入海外市场，我们的差异化优势主要是满足客户需求比较快（比如说泰国 AIS，我们因为比友商项目实施周期快 3 倍，才获得了服务 AIS 的机会）。因为，海外合同要么交付要

求比较急，要么需求特殊，需定制开发、研发、用服、供应链等。只有赶时间、抢进度，全力以赴才能抓住市场机会。

华为国际化之路发展迅速，特别是无线产品线，已经成为华为迈向国外市场的排头兵。据华为 UMTS 产品线总裁万飚介绍，目前全球 50 强电信运营商中，有 26 家已经成为华为的用户。

华为的快速响应能力一个极限案例是，2006 年，华为在刚果的客户由于客观原因改变工程计划，原定 30 天工期的核心网设备建设压缩为 4 天，华为员工吃住在工地，四天三夜车轮战，居然真的在 4 天内完工了！

为了快速响应客户的需求，华为形成了"铁三角"模式。任正非曾这样说过：

> 我们系统部的铁三角，其目的就是发现机会，咬住机会，将作战规划前移，呼唤组织力量，实现目标的完成。系统部里的三角关系，并不是一个三权分立的制约体系，而是紧紧抱在一起生死与共，聚焦客户需求的共同作战单元。它们的目的只有一个：满足客户需求，成就客户的理想。

华为"铁三角"模式的雏形，最早出现在华为公司北非地区部的苏丹代表处。2006 年 8 月，业务快速增长的苏丹代表处在投标一个移动通信网络项目时没有中标。在分析会上，总结出导致失利的原因有如下几点：

1. 部门各自为政，相互之间沟通不畅、信息不共享，各部门对客户的承诺不一致。

2. 客户接口涉及多个部门的人员，关系复杂。在与客户接触时，每个人只关心自己负责领域的一亩三分地，导致客户需求的遗漏、解决方案不能满足客户要求、交付能力也不能使人满意。

3. 对于客户的需求，更多的是被动的响应，难以主动把握客户深层次的需求。

最典型的例子是在一次客户召集的网络分析会上，华为共去了七八个人，每个人都向客户解释各自领域的问题。客户的 CTO（首席技术官）当场抱怨："我们要的不是一张数通网，不是一张核心网，更不是一张交钥匙工程的网，我们要的是一张可运营的电信网！"

为此，苏丹代表处决定打破楚河汉界，以客户为中心，协同客户关系、产品与解决方案、交付与服务甚至商务合同、融资回款等部门，组建针对特定客户（群）项目的核心管理团队，实现客户接口归一化，更好帮助客户取得商业成功。

具体来说，苏丹办事处以客户经理（AR）、解决方案专家、经理（SR、SSR）、交付专家、经理（FR）为核心组建项目管理团队，形成面向客户的以项目为中心的一线作战单元，从点对点被动响应客户到面对面主动对接客户，以便深入准确全面理解客户需求。

"三人同心，其利断金。"苏丹办事处就把这种项目核心管理团队称之为"铁三角"。

　　"铁三角"模式的效果立刻就显现出来。2007 年苏丹办事处通过"铁三角"模式获得苏丹电信在塞内加尔的移动通信网络项目。其后，华为在全公司推广并完善"铁三角"模式。①

---

① 胡左浩．华为铁三角——聚焦客户需求的一线共同作战单元［J］．清华管理评论，2015．

第 6 节　优质资源向优质客户倾斜

为了更好地满足企业客户对服务的需求，华为公司大力提升专业服务能力，并与合作伙伴服务能力进行融合。华为企业服务产品架构师 48 名、PMP（项目管理专业人士）专家 70 名，超过 120 名网络 / 产品技术专家和超过 100 名专职培训讲师；自主研发的服务工具超过 100 种，涵盖了从规划、设计、实施、运维到优化服务的全生命周期，并持续向合作伙伴开放，目前已有 10 余款工具向合作伙伴开放；华为公司还与具备业务咨询能力、第三方设备服务的合作伙伴进行能力融合，为客户提供一站式的融合服务解决方案。

优质资源要向优质客户倾斜。

什么是优质客户？给我们钱多的就是优质客户。让我们赚到钱的客户，我们就派少将、连长过去，就把服务成本给提高了，少将带个连去服务肯定好过中尉连长的服务。

"优质资源向优质客户倾斜。"只有从优质客户赚到更多的钱，才能提高优质队伍的级别配置，否则哪来的钱呢？

华为要调整格局，优质资源向优质客户倾斜，任正非表示，可以在少数国家、少量客户群中开始走这一步，这样就绑定一两家强的，共筑能力。

> 在这个英雄"倍"出的时代，一定要敢于领导世界，但是取得优势以后，不能处处与人为敌，要跟别人合作。有人问我，"你们的商道是什么？"我说，"我们没有商道，就是为客户服务。"这些年教训也很深刻，不是所有运营商都能活下来，有些运营商拖着我们的钱不还，与其这样，还不如拿来给大家涨点工资。
>
> 另外，我不主张产品线和区域结合得太紧密，结合太紧密的结果，就是满足了低端客户的需求。因为区域所反映上来的不是未来需求，而是眼前的小需求，会牵制华为公司的战略方向。

华为在这个世界上的生存法则就是压强原则，就是聚集。因为聚集，将所有的兵力都压在一个出口上，这样往往会收获很多。这也是任正非表示，不要盲目做大，盲目铺开，要聚焦在少量有价值的客户、少量有竞争力的产品上，在这几个点上形成突破的原因。任正非用了一个比喻，"好比战争中我这个师是担任主攻任务，就是要炸开城墙，那么我打进城也就是前进400米左右，这个师已经消耗得差不多了，接着后面还有两个师，然后就突进去了，从400米突到一两公里，接着下来再进去3个师，攻城是这么攻的。所以我们在作战面上不需要展开得那么宽，还是要聚焦，取得突破。"

"当你们取得一个点的突破的时候，这个胜利产生的榜样作用和示范作用是巨大的，这个点在同一个行业复制，你可能会有数倍的利润。所以说我们要踏踏实实沿着有价值的点撕开口子，而不要刚撕开两个口子，就赶快把这些兵调去另外一个口子，分兵多路，最后就必然是死亡。我还是要强调，企业网目前取得了一些胜利，但不要盲目铺开摊子作战。还是要聚焦在一定的行业，一定的产品范围内，越是在胜利的时候，越别急盲目行动。我原来也讲过，你们中国区实现了盈利，我允许你们中国地区拿一半的利润去开拓市场，去做新市场的补贴、开拓，但是要开拓有希望的市场，而不是送到最困难的地方去，你们可以采用这个扩张方法。"

总的来说，拳头握紧才有力量，分散是没有力量的。

第 7 节　艰苦奋斗服务客户

华为创立之初，就在自己家门口碰到了全球最激烈的竞争。中国是世界上最大的新兴市场，世界巨头云集，华为不得不在市场夹缝中求生存。20 世纪 80 ~ 90 年代，中国通信设备市场被进口高价市场垄断。不过，巨大的市场空间、混杂的竞争局面，也为中国本土通信设备商崛起创造了条件。

尽管早期华为的产品还不是很完善，但只要一出现故障，华为的工程师就会尽快赶到现场进行处理。华为甚至还为客户提供过称之为"守局"的服务——设备安装开通后，工程师还在现场守护，以防有问题时及时排除，短则几天，最长达几个月，等设备稳定后才撤走。

在客户需求牵引下，华为一步步进行技术积累。农村地区电压不稳，华为在设计电源时就留了较大的电压冗余值，使得设备在电压波动时也能正常工作。客户机房避雷措施不完善，就特别加强了防雷击的性能。

2011 年，日本福岛核灾的恐怖威胁下，华为员工仍然展现了服务到底的精神，不仅没有因为危机而撤离，反而加派人手，在一天内就协助软银、E-mobile 等客户，抢修了 300 多个基站。自愿前往日本协助的员工，甚至多到需要经过身体与心理素质筛选，够强壮的人才能被派到现场。

软银 LTE 部门主管非常惊讶："别家公司的人都跑掉了，你们为什么还在这里？""只要客户还在，我们就一定在，"当时负责协助软银架设 LTE 基站的专案组长李兴回答得理所当然，"反正我们都亲身经历过汶川大地震。"

在华为，一通电话就飞到利比亚、阿尔及利亚、委内瑞拉等世界各个角落是常有的事，往往一去就是 3 ~ 6 个月，而且是在最落后的环境做最艰苦的事。员工当然也可以选择不去，"去，就是给你一个舞台，让你有机会学习、成长；年底绩效好，还可以多认股，多分红，为什么不去呢？"邱恒说。

任正非曾经于 2011 年在华为伊拉克代表处进行过一次讲话，这次讲话也让我们再次体会到华为以客户为中心的职业使命感。

　　我们从事的是为社会提供网络，这种覆盖全球的网络，要求任何时候必须稳定运行。而我们提供的产品与服务已无处不在，无时不在，无论在缺氧的高原、赤日炎炎的沙漠、天寒地冻的北冰洋、布满地雷的危险地区，森林、河流、海洋……只要地球有人的地方，都会有覆盖。我公司已为全人类的 20% 提供了通信服务，网络要求任何时候，任何情况下不间断，在这么宽广的地域范围内，随时都会有瘟疫、战争、地震、海啸发生，因此，员工在选择工作岗位时应与家人一同商量好，做好风险的控制与管理，不要有侥幸心理。华为并不意味着高工资，高工资意味着高责任。

华为将推出本地化薪酬，做一般劳动者也没有什么不光荣。任正非表示："我们的职业操守是维护网络的稳定，这是与其他行业所不同的，豆腐、油条店……可以随时关掉，我们永远不能。我们曾经在安哥拉，当地负责人不请示公司，就背弃了当地政府，背弃了运营商及合作伙伴，私自撤离，酿成大错。事后多年当地政府坚决拒绝华为再进入安哥拉，我们为此付出了多大代价才重返安哥拉。任何时候都会有动乱发生，我们在任何地方、任何时候只对网络的基本稳定承担责任，任何地方、任何时候，我们决不会介入任何国家的政治。放弃网络的稳定，会有更多的人牺牲。

"日本的 50 死士他们不牺牲，事故的扩大，就会有成千上万的人牺牲。任何事业都不是一帆风顺、布满鲜花的，我们选择的职业，是有一定责任的，而且企望担当重要职务的员工，责任更加重大。我们所有的干部，要如解放战争期间共产党员一样，'冲锋在前，退却在后；吃苦在前，享受在后'。我们的各级骨干，应是这种选择。"

这就是华为需要的职业责任感。在客户最需要他们的时候，华为可能是全球唯一一家在利比亚坚守的移动设备提供商。

华为是通信市场的后进入者，早期技术实力薄弱，与西方厂商的差距巨大。为了活下去，华为的研发团队绞尽脑汁思考如何"苦干加巧干"。在路由器芯片的测试环节，华为积极研发自动化工具，"业界开发芯片一般第一版会测试出问题，然后再改一版，另外需要 6 个月。我们有先进的仿真环境，以及模拟测试环境，在芯片出来之前就进行充分的仿真测试，因此避免了改版，大大提升了效率，这背后是华为多年研发平台能力的积累。"生存在高度竞争的行业中，危机感让华为多年来一直"把西方公司喝咖啡的时间用到工作上"。正是依靠这些，思科等公司做一个产品需要 3 ~ 5 年，华为可以只用 18 个月。

核心路由器整体追赶的过程其实很艰苦。华为发布的核心路由器有望从容量、性能、功耗上全面超过思科，但实际上，华为从 1998 年开始布局到 2005 年做了整整 7 年才把第一代芯片做出来，芯片里面凝聚着华为对整个 IP 网络的理解、定义、算法。但有自己的芯片，路由器才有竞争力。也正因为是自己开发的，华为也就从来不怕竞争对手利用法律手段一行行地查程序开发代码。

如此一番煞费苦心的创新、如此细致的服务，华为设计的东西太贴心了，运营商就拍板，那就买吧。有了两把创新的刷子，华为的产品特别能适应客户的定制化需求，内在的性能又优越。只要不是太固执、太保守的客户，真的很欢迎华为。任正非表示：

> 其实我们的文化就只有那么一点，以客户为中心、以奋斗者为本。世界上对我们最好的是客户，我们就要全心全意为客户服务。
>
> 我们想从客户口袋里赚到钱，就要对客户好，让客户心甘情愿把口袋的钱拿给我们，这样我们和客户就建立起良好的关系。怎么去服务好客户呢？
>
> 那就得多吃点苦啊。要合理地激励奋斗的员工，资本与劳动的分配也应有一个合理比例。

华为员工在非洲艰苦奋斗，也是华为的一种精神。那么在国际化过程中，比如招一些外籍人才，这种精神还适用吗？这种精神依然存在。任正非表示："你想多赚钱，就得多干活，为客户提供有价值的服务！

外籍员工怎么会不理解呢？多劳多得，这就是华为文化的本质，这也是朴实、普世的道理。"

华为给员工的好处就是"苦"，没有其他。"苦"后有什么？有成就感；自己有改善收入；看着公司前进方向有信心……这就是新的东西，这就是吸引员工的地方。华为奋斗在非洲的各级骨干大多数是"80后""90后"，他们是有希望的一代。

任正非认为，咖啡厅里坐坐，快快乐乐，喝喝咖啡就把事情做成了，这也许可能不是大发明，多数是小发明。互联网上有很多小苹果、小桃子，这也是可能的。我们在主航道进攻，这是代表人类社会在突破，厚积还不一定能薄发，舒舒服服的怎么可能突破，其艰难性可想而知。不眠的硅谷，不是也彰显美国人的奋斗精神吗？这个突破就像奥运会金牌。我们现在跟奥运会竞技没有什么区别。

在主航道，美国公司的很多企业领袖也是很辛苦的。真正成为大人物，付出的辛劳代价，美国人不比华为人少。任正非在和美国、欧洲公司的创始人一起聊天时，发现他们领导的文化也是艰苦的，真正想做将军的人，是要历经千辛万苦的。当然，美国多数人也有快乐度过平凡一生的权利。

第 8 节 客户关系维护策略

客户服务营销的一个最重要的目的就是要提高客户的满意度，通过营销与服务流程的优化，改善客户体验，从而提高客户满意度，降低客户流失率。有统计显示，获取一名新用户的成本是保留一名现有客户的 7 倍之多。这就需要企业能够真正理解客户的需求，有效地对产品、服务的设计和提供过程进行分析，不仅能够识别客户的忠诚度和生命周期价值，并能通过整合的营销沟通策略来优化与客户的关系。

在市场营销中，华为十分注意在各产品线、各地区部建立市场营销组织，贴近客户倾听客户需求，确保客户需求能快速地反馈到公司并放入到产品的开发中。同时，明确贴近客户的组织是推动公司流程优化与组织改进的原动力。

华为的设备用到哪里，就把服务机构建到哪里，贴近客户提供优质服务。在中国多个省市和多个地级市都建有公司的服务机构，借此可以了解到客户的需求，可以做出快速的反应，同时也可以听到客户对设备使用等各个方面的一些具体的意见。现在，华为在全球 90 多个国家建有这种机构，整天与客户在一起，能够知道客户需要什么，以及在设备使用过程中有什么问题，有什么新的改进，都可以及时反馈到公司。

无论思科董事长兼首席执行官约翰·钱伯斯多么强调思科关注客户，思科仍是一家围绕定期推出顶级设备、推动客户升级而运转的公司，但华为却将在中国行之有效的方法论放大到了极致：它给发展中国家的电信公司输送资金、展开培训，让很多电信运营商形成路径依赖。简而言之，当思科试图引领客户前进，华为和自己的客户早已融为一体。

华为的客户关系网做得非常成功，一般企业要想抢走华为的客户是非常困难的一件事情，这并不是华为有多么大的背景，而是华为的销售人员把客户关系做得太踏实了。

华为的销售人员在推销自己的产品和项目竞标的过程中，绝不是谁有权就立刻奔向谁，而是从下到上，层层贴近客户，与每一个有参与权的客户都要搞好关系。例如2000年中国邮政与中国电信分家的时候，电信设备采购权随之改变，不再是由原来的县级掌握，而是被收回到了市级。因为县局手里已没有采购权了，所以当时有很多人建议华为把已经在全国建立的200多家地区经营部取消，这样就可以节约很多成本，集中主要精力去攻克市局。但当时任正非的批复是：

> 我相信，这就是华为和西方公司的差别。我们每层每级都贴近客户，不放弃对我们有利的任何一票。

华为不会因为权力的转移而放弃已经建立起来的关系网，不是谁有权就去攻谁的关，只搞最关键的关系，而是一如既往地和各地的县局保持良好的关系。在华为看来，只有扎扎实实地做好每一个环节，才有可能赢得最终的市场。事实也证明，正是各级县局给市局提供的意见，使得华为继续获得大批的订单。

华为前高管胡勇在其文章中分析道："任正非提出把战壕修到离客户最近的地方去，在每个地市建立客户服务中心，加强在地市一级城市的营销服务网络，以前的销售经理转变为客户代表，也就是代表客户来监督提高华为的服务水平。客户一有问题，就能在身边和华为的工程师沟通。每当集中采购时，地市公司这些使用单位会提出需求和意见，显然，华为会是最终使用单位的第一选择。这就是华为提倡的普遍客户关系。不像西方公司只瞄准决策者做工作，华为构筑的是决策者、技术人员、使用者、经营部门、财务部门等全方位的客户关系。

"华为在做国际市场时，也继承和发扬了这种普遍客户关系的工作方法，无论是运营商的测试人员以及普通的工程师还是总监、CTO、CEO，华为员工都有全方位的接触，让客户感受到尊重。"

而在为客户降低成本方面，华为在创业早期就已经做得很成功。由于当时客户对高科技产品的普遍陌生和不自信，即使在小小的县级城市，华为也会驻扎二三十名服务人员，只要客户一声召唤，无论大事还是针头线脑的小事，立马就可以上门服务。到今天，华为非凡的服务能力和诚恳态度仍是赢得客户信赖的重要砝码。譬如在阿尔及利亚地震时，西门子的业务人员选择了撤离，华为人则选择了坚守。这种"共患难"式的坚守，理所当然地为华为赢得了商业机会。相反，如果在客户最需要你的时候，你却不在身边，这必然让客户心存对"交易"概念的警惕。

从企业活下去的根本来看，企业要有利润，但利润只能从客户那里来。华为的生存本身是靠满足客户需求。

在《任正非：以客户为中心》的写作过程中，作者查阅、参考了大量的资料和作品。由于种种原因，部分资料和作品未能注明资料来源并支付稿酬，希望相关版权拥有者见到本声明后及时与我们联系，我们将按相关规定支付稿酬。在此，我们对他们深深表示歉意与感谢。

由于编者水平有限，书中不足之处在所难免，诚请广大读者指正。同时，为了给读者奉献较好的作品，本书在写作过程中的资料查阅、检索搜集与整理的工作量巨大，需要许多人同时协作才能完成，我们也得到了许多人的热心支持与帮助，在此特别感谢廖琼三、陈其善、付佳才、庄群丽、周秀沙、杨茂宏等人，感谢他们的辛勤劳动与精益求精的敬业精神。

在本书创作过程中，我们得到了众多管理同行和华为员工的帮助，在此一并表示感谢！

最后，我们衷心希望本书能够为那些意识到以客户为中心的重要性，并试图更有效地为客户提供服务的读者带来切实的帮助。如果你发现本书中的不足之处，也请向我们提出宝贵的意见和建议。